철   ㅎ의

프레데릭 로피

공나리 옮김

東 文 選

철학 기초 강의

Frédéric Laupies

Premières le ons de philosophie

© Presses Universitaires de France, 1995

This edition was published by arrangement
with Presses Universitaires de France, Paris
through Imprima Korea Agency, Seoul

.

I. 문 헌

II. 주 제

서 문

주제별 문헌

고등학교 수업 시간에 제안된 대로라면 철학은 다소 모호하다. 철학은 한편으로 스스로 생각하는 것이고, 지식을 향한 '교과서적' 이라 판단되는 수동적 태도를 초월하는 것이며, 다른 한편으로는 작가와 그 철학 저술에 대해 알고, 아울러 채점자들의 마음에 들도록 '인용문'을 적절하게 '재배치'할 줄 아는 것이다. 시험 답안지 채점에는 평가를 위한 기준이 필요하므로 심사숙고를 기초로 하는 지식과, 질문에 대하여 성실한 분석을 바탕으로 한 의견 작성에 더 높은 점수를 주기 마련이다.

그러나 개인적인 반성과 철학 저술을 잘 이용하는 것 간의 대조는 아무런 의미가 없다.

철학은 근원적인 질문하기처럼 정신의 고유한 성질인 염려로부터 나온다. 철학하기 위해서는 어린아이의 질문이 가지는 대담함과 단순성을 되찾아야 하고, 죽음과 폭력과 사랑에 대하여 순수한 놀라움을 가져야 한다. 철학은 다음과 같은 다소간의 거만함도 필요로 한다. 즉 금지된 것들에 대하여 감히 질문 던지기를 두려워하지 않기, 그리고 의심이라는 혼미함을 감내할 수 있도록 자기 자신에 대한 두려움 없애기가 그것이다.

그렇다고 해서 철학이 그 역사 없이 나아갈 수 있는 것은 아니다. 자신에 의해 생각하는 것이 혼자만의 생각을 의미하지는 않는다. 혼자 생각할 때 내가 사용하는 말들조차 역사와, 전제와, 논리적 귀결들을 갖고 있다. 타당성 있게 의문을 던지기 위해서는 그 사유의 어원적 의미와 함축된 의미, 그리고 유래에 대해 잘 알고 있어야 한다. 반성이란 사실상 대부분이 집단적이고 역사적인 현상이다. 의문이란 역사적 상황이나 문화적인 유산과 아무런 상관없이 한 개인의 정신에서 나오는 것이 아니다. 그러므로 철학의 역사는 공짜로 얻어지는 박식함의 산물이 아니다. 그것은 반성이 형성되고 만들어지는 움직임이다. 어떤 의문들은 실제로 정신이 일정한 발전 단계에 도달했을 때에만 생겨날 수 있다.

이 책은 철학을 반성과 지식이라는 두 가지 차원에서 **변호하기 위한 것이다.** 한마디로 말하자면 **철학자들의 저서를 개인적으로 활용하기 위한 보조서이다.**

여러 시각에서 반복하여 읽는다면 기초적인 지식을 제공하고, 사고를 자극할 것이다.

이 책은 수업이나 개인적인 성찰 작업을 대신하기 위한 것은 아니다. 기계적인 자동 현상에 의해 사고를 대신하는 '요약본(digest)'보다 더 반(反)철학적인 것은 없다.

이 책의 구조는 단순하고, 여러 가지 독서 방법이 가능하다.

제I부는 저자별로 재분류된 주요 문헌들을 연대순으로 소개하고 있다. 네 명의 주요 저자가 핵심적인 위치를 차지하고 있다. 이 부분의 목적은 산만함을 지양하고, 각 저자의 사고가 갖는 통일성을 포착하기 위한 요소들을 제공하는 것이다. **초보자는** 제I부를 빠르게 읽어 나가는 것으로 철학 세계로의 첫 여행을 시작할 수 있을 것이다. 또한 선택된 문헌들의 절제성과 소중한 안내 역할을 위한 해설을 찾아볼 수 있고, 그 해설은 길을 잃고 헤매거나 실의에 빠지는 것을 막아 줄 것이다. 제I부의 독서로 자신감을 회복한 초보자는 자신의 호기심에 따라 제II부를 구성하고 있는 개념 분석 부분을 계속해서 읽을 수 있을 것이다. 제II부는 "~은 무엇인가?"라는 질문에 대한 대답을 찾는 소논문 형식으로 되어 있다. 이 논문들은 제I부의 저자들의 글과 동일한 순서로 배열되어 있지는 않지만, 어떻게 일반적인 의미로부터 출발한 조사가 역사와 철학을 통해 형성된 개념과 분석들로부터 자양을 얻는지를 보여 준다.

따라서 제II부는 제I부를 새로이 조명하고 있다 말할 수 있다. 하나의 문헌을 상이한 여러 관점에서 분석하는 것은 문헌의 이해를 돕는 가장 좋은 방법이다. **젊은 철학자**인 여러분들은 이 책의 두 부분과 각 장의 내용을 왔다갔다하는 재미를 느낄 수 있을 것이다. 이러한 연계는 교육적으로도 매우 명료하게 활용될 수 있다. 하지만 그러한 재미는 개인적인 독서에 의해서 발견되고 개발되어야 할 것이다. 그것은 행동하는 사고의 자유를 위한 몫이니까!

I

문　헌

문헌 1

플라톤,[1] 《메논》[2]

양식(良識)을 넘어선 철학?

"무엇인가?"라는 의문

철학적인 탐구는 확실한 사실이나 선입관으로 만족해서는 안 된다. 우리가 알고 있다고 생각하는 것이 곧 다시 문제가 되기도 한다.

메논("덕성이란 무엇인가?"라고 묻는 소크라테스에게) —— 소크라테스여, 하지만 저는 그것에 대해 논하라면 아무런 어려움도 느끼지 않습니다. 첫째로 당신이 바라는 것이 남자의 덕성이라면, 다음과 같은 것이 남자의 덕성을 이룬다고 말할 수 있습니다. 즉 국가의 업무를 관리하기 위해 필요한 자질을 갖추는 것, 그리고 그러한 맥락에서 친구에게는 선의를 베풀고, 적에게는 고통을 주며, 그러면서도 자기 자신은 어떠한 경우에도 그와 같은 고통을 당하지 않도록 조심하는 것입니다. 당신은 여자의 덕성에 대해 말하기를 바라십니까? 여자는 집 안에 있는 모든 것을 잘 유지하고 남편의 명령에 순종하여 집을 잘 관리하는 의무를 갖고 있다라고 말하는 것이 좋겠습니다. 또한 어린이가 가져야 할 덕성은 소년이냐 소녀이냐에 따라 구별되며, 노인과 자유인, 노예의 덕성도 각각 따로 있습니다. 다른 여러 종류의 덕성이 너무나 많이 있으므로, 덕성에 대해 이야기할 때

누구에게 관련된 것인지를 말하는 것은 어색한 일이 아닙니다. (…)

소크라테스 —— 유일한 덕성이 무엇인지를 찾고 있던 내가 그대의 곁에서 그토록 많은 종류의 덕성을 발견하다니, 이 얼마나 놀라운 행운인지 모르겠소! 하지만 메논이여, 다수의 비유를 계속하자면, 만약 내가 그대에게 꿀벌의 본성이 될 수 있는 것이 무엇인지 묻고, 그대는 벌에는 온갖 종류가 있다고 대답한다면, 다음과 같은 질문에는 어떻게 대답할 것인가? "그대는 그것들이 꿀벌이라는 이유로 여러 종류로 나뉘고, 또 각자 서로 다른 것이라고 주장하는 것인가? 아니면 같은 이유로 그것들은 하나도 다를 바가 없고, 단지 외적인 형태나 크기에 의해서, 혹은 비슷한 종류의 다른 특징에 의해서 다소 차이가 있을 뿐이라고 주장하는 것인가?" 말해 보시오. 이런 식으로 질문을 받는다면 뭐라고 대답하겠소?

메논 —— 제가 뭐라고 대답하겠느냐고요? 꿀벌인 이상 그것들은 하나도 다를 바가 없다고 대답하겠습니다!

소크라테스 —— 하지만 내가 그대에게 다음과 같이 말한다면, "메논이여, 따라서 바로 다음에 대해 내가 그대에게 물어보았던 것이오. 어떤 점에서도 그것들이 서로 다를 바 없으므로 그것들은 모두가 예외 없이 똑같은 것이란 말이오. 그대는 그것들을 같게 만드는 그것이 대체 무엇이라 생각하오?" 아마도 그대는 내게 대답할 수 있을 것이오.

메논 —— 아, 그렇군요!

소크라테스 —— 덕목에 관한 주제도 정확히 이것과 마찬가지요! 덕목에 아무리 다수의 종류가 있다고 하더라도, 그것들 모두는 예외 없이 최소한 한 가지의 동일한 특징을 가지고 있소. 그 동일하고 고유한 특징에 의해서 다수의 덕성들은 덕성이 되는 것이고, 또한 덕성에 대한 질문을 받은 자는 자신의 시선을 그 유일한 특징을 향해 돌리게 됨으로써 어떤 것이 덕성의 현실이 될 수 있을 것인가를 잘 보여 줄 수 있게 될 것이오.

플레이아드판, 515–516쪽.

대화편의 첫 부분에 위치한 이 대화는 철학적인 요구에 직면한 일반 대중의 모색을 보여 주고 있다. 소크라테스가 모든 덕스러운 행동들의 예에서 찾아볼 수 있는 덕성의 본질적인 특징들을 정의해 내고자 하였다면, 메논은 여러 예들을 수집하는 가운데 길을 잃은 것이다. 자기 자신에 쉽게 만족한 메논은 예를 많이 드는 것이 대답의 타당성을 높이는 방법이라고 생각하였다. 그의 어조는 거만하게 들린다. 그는 답을 찾는 것이 쉬운 일이라고 말한다. 왜냐하면 질문이 너무 간단하기 때문이다. **철학자란, 명백하게 전혀 어려움이 없는 곳에서 어려운 점을 찾는 자가 아니던가!?**

실제로 소크라테스는 자신의 방법에 충실하면서 상대편에게 반어법을 씀으로써 의심을 유발시켰다. 그를 칭찬하는 척하면서("……이 얼마나 놀라운 행운인지……") 소크라테스는 메논이 자신이 알고 있다고 생각했던 것들이 실은 알지 못하고 있음을, 또한 눈에 보이는 간단함은 보다 미묘한 의문을 감추고 있다는 사실을 알아차리도록 유도하였다. 예시의 풍부함을 떠나서 그것들을 어떻게 하나로 묶을 수 있는가? 또한 그러한 다양성 속에서 어떻게 그것들이 정확히 하나의 동일한 개념에서 나온 예시임을 이해할 수 있는가? **철학적인 조사는 예시의 다양성에서 개념의 단일성으로, 결과의 다양성에서 원인의 단일성으로, 한마디로 말하자면 편견에서 진정한 앎으로 거슬러 올라가기 위해 애쓰는 것이다.**

이상하게도 소크라테스는 개념을 마치 한 존재처럼 말하고 있다. **"그 동일하고 고유한 특징에 의해서 다수의 덕성들은 덕성이 되는**

것이고, ……자신의 시선을 그 유일한 특징을 향해 돌리게 될 것이다." 여기에서 철학자의 연구가 중시하는 것은 단순히 단어들이 가지는 의미가 아닌 것처럼 보인다. **철학은 단어들의 유희가 아니며, 단어에 관한 유희도 아니다!** 목적은 주어진 문화 내에서 덕성이라는 단어가 의미하는 바가 무엇인지를 아는 것이 아니라 보다 근본적으로, 서로 매우 상이한 남자·여자·어린이의 행위가 어떠한 원인으로 동일한 자질을 갖느냐 하는 것을 알아내는 것이 목적이다. 꿀벌들이 그들의 공통적인 꿀벌이라는 종에 의해 동일한 구성적 특징을 갖는 것처럼, 도덕적으로 선한 행동들도 객관적으로 동일한 본질적인 구조를 가져야만 한다. 따라서 우리 정신 속의 개념이란 것은 우리가 만들어 낸 것이 아니며, 또한 우리가 그것을 무시하더라도 항상 존재하는 자연적인 공통성의 형성일 따름이다.

　철학적인 연구는 따라서 실제적인 '전환'으로 생각될 수 있을 것이다. 그것은 처음의 인상들로부터 빠져나오는 것이고, 현실로 '자신의 시선을 돌리기' 위해 수많은 예들에 의해 제공된 거짓된 명확성들로부터 탈출하는 것이다. 여기에서 우리는 소크라테스가 동굴의 비유(플라톤, 《국가》, VII)로 소개한 유명한 과정을 만나게 된다. 그림자밖에 보지 못하는 동굴 깊숙한 곳에 갇힌 자는 이 대화 초반의 메논에 비유할 수 있다. 현실은 자명하다. 철학적인 의문은 제기될 이유가 없다……. 실제로 진리를 알고자 하는 욕망은 무지를 지각하지 못한 탓으로 생겨나지 못했다. 소크라테스의 변증술은 동굴 속에 갇힌 자의 의사와 '상관없이' 그를 해방하려는 강압과 같은 역할을 한다. 동굴 속에 갇힌 메논은 그의 지적 사고방식을 능가하기 위한 노력을 기울이도록 이끌린다. 그는 이렇게 감각적인 인상들을 넘어서 진리를 발견하도록 인도된다.

　철학은 이처럼 관점의 변화를 전제로 한다. 구체적인 예들은 그것 자체가 진정한 앎을 위한 구실이 되지 못한다. 개별적인 말 (dialexis)에서 통일성을 이루는 개념을 구별해 낼 줄 알아야 한다. 철학은 이처럼 본질적으로 **변증법적**이다.

문헌 2

플라톤, 《국가》[3]

사회의 기원에서……

일의 분배

정의의 본질을 탐구하기 위하여 대화자들은 어떤 모범(paradigme)[4]을 통해 검토하는 방법을 선택하였다. 그 모범이란 전형으로 사용될 수 있는 하나의 예로서, 도시국가가 바로 그것이다.

(소크라테스) 나는 뒤이어 말하였소; 자, 계속합시다. 처음부터 시작하자면, 우리는 사유에 의해 정치적인 사회를 구성한다오. 그런데 정치적인 사회를 만드는 것은, 내가 보기에 우리에게 내재된 필요의 존재인 것 같소.

—— 네, 그렇습니다.

—— 그런데 사실상 우리의 필요 중 가장 우선적이고 가장 강제적인 것은 우리가 살아가기 위한 양식의 마련임은 분명하오.

—— 확실하게 그러합니다.

—— 두번째 필요는 집의 마련이고, 세번째는 의복과 그에 준하는 몸에 걸치는 모든 것들에 대한 필요라오.

—— 맞는 말입니다.

—— 자, 그렇다면 사회는 어떻게 이 중대한 것들을 충족시킬 수

가 있겠는가? 한 사람은 농부, 또 한 사람은 건축공, 또 다른 한 사람은 직조공이 되어야 하는 것이 아닌지? 거기에 구두제조자나 신체상 필요한 것들을 위한 다른 기술자를 첨가해야 할 것이오.

—— 전적으로 그렇습니다.

—— 그러면 사회를 구성하는 데에 있어서 최소 한도의 필요는 네다섯 명의 사람이면 충분할 것이오.

—— 그렇겠군요.

—— 그러면 이 사람들은 각자 자신이 맡은 일이 공익에 기여해야 할 의무를 지게 될 것이오. 따라서 농부는 혼자서 네 명의 식량을 생산해야 하고, 이 식량 공급을 위해 네 배의 고통을 받으며, 네 배의 시간을 보내야 하는 것이오? 아니면 다른 사람들은 신경 쓰지 않고 오직 자기 자신만을 위해 4분의 1의 시간만을 투자하여, 4분의 1의 식량만을 생산하고, 남은 4분의 3의 시간으로 각각 자신의 집 한 채와 자신의 옷 한 벌과, 자신의 신발 한 켤레를 만들어야 하는 것이오? 또한 그가 스스로 부여한 고통의 결실을 다른 사람들과 공유하는 대신, 혼자서 자신의 힘으로 자신의 일만 해나가는 것이 좋겠소?

—— 소크라테스여, 그건 아마도 첫번째 방법이 더 쉬울 것 같습니다.

—— 제우스에 의해, 첫번째 방법이 더 쉽다는 것은 결코 이상할 것이 없다네. (나는 응수했지.) 자네가 대답하는 것을 기다리면서 내 나름대로 생각한 것이 있네. 첫째로 우리들 각자는 본질적으로 다른 사람들과 전적으로 비슷하지 않다는 것이네. 하지만 이 본질은 반대로 우리들 각자를 구별하고, 따라서 각기 다른 일을 하기에 적합하다는 말일세. (…) 하지만 내가 볼 때 실제로 또 한 가지 분명한 것이 있네. 즉 어떤 일을 할 때, 가장 좋은 때가 있는 법이고, 그렇지 않으면 모든 것을 망칠 수가 있다는 것일세. (…) 그 결과로서 한 사람

이 한 가지 일을 그의 적성에 맞게, 다른 일을 행할 시간적 여유에 맞추어 적절한 시기에 행할 때 더욱 많은 일들을 더욱 많이, 더 훌륭하게, 또한 더욱 쉽게 해낼 수가 있을 것이라네.

플레이아드판, 제2권, 369절, 914쪽.

위의 인용문에서 선택된 방법은 가설적인 것이고, 역사적이지는 않다. 역사를 거슬러 올라가서 도시국가의 탄생에 대해 특별히 연구하는 대신, 이 분석은 추상적으로 사회 형성의 조건에 대해 관심을 기울인다. 또한 모든 신화를 떠나서 이 분석은 필요로 이루어진 존재인 인간 그 자체가 무엇인지를 우선적으로 다루고 있다. **인간은 자연이 그에게 부과한 절대적인 필요를 벗어날 수 없다.** 그러한 절대적인 필요는 욕망과 달리 인간이 가진 의식에 의해 구성되는 것이 아니다. 이러한 본질적인 비자발성의 차원을 넘어서, 필요는 그것이 가진 다양성을 특징으로 한다. 우리는 하나의 욕구나, 더 나아가서 한 가지의 열정을 가질 수 있다. **반면 필요는 결코 한 가지만 있지 않다.** 실제로 육체의 기능만큼이나 많은 필요가 존재한다.

마지막에 제시된 이러한 특징은 정치적인 결과를 가진다. 어떻게 다양한 필요를 만족시킬 수 있을까? 업무의 개인별 분배나 필요에도 여러 가지 유형이 있는 만큼 여러 가지 일을 위해 한 개인의 시간을 나누는 것이 필요할까? 혹은 전문화에 근거하는 사회적 분배를 고려하는 것이 필요할까?

필요에 따른 일의 분류를 전제로 하는 소크라테스의 두번째 해결 방안은 제지되어야 할 것으로 보인다. **논쟁은 그 불가능성을 보여 주면서 일의 개인적인 분할에 대해 반박하고 있다.** 이 해결 방안은 사실 개인 각자가 그에게 필요한 모든 일을 수행해 낼 수 있음을 가정할 때에만 가능한 것이고, 그것은 두 가지 이유에서 매우 미심쩍다. 첫째로 사실상의 재능과 능력의 차이가 자급자족을 방해하고, "자기 자신만으로 충족되지 못하는 우리들 각자는 반대로 많은 수의 사람들을 필요로 한다." 둘째로 일은 그것의 법칙을 사물에 강요하지 못한다. 일은 사물에 따라가야 한다. 적당한 시기는 지체 없이 포착되어야 한다. 따라서 여러 가지의 일이 동시에 수행되려면 다수의 사람이 있어야 한다. **따라서 평등함은 사회의 구체적인 기초가 되지 못한다.** 평등한 인간은 서로를 기다릴 필요가 없으며, 결국 하나의 사회를 구성하지 못한다. 고작 소란한 모임을 만들 뿐이다. 진정한 사회, **상보성 위에 기초한 공동의 복지를 위한 기능으로 조직된 정치 사회는 독립성을 전제로 한다.** 이에 우리는 고독한 개인은 실제로는 정신의 한 단면이며, 추상일 뿐이라고 말할 수 있을 것이다.

문헌 3

플라톤, 《국가》

부당한 도시국가가 존재하는가?

진정한 도시국가의 정의로운 조건

정의에 대한 분석은 우리에게 정치적인 유형의 생각을 하게 만든다. 즉 어떻게 이상적인 도시국가를 생각할 수 있겠는가?

—— 그렇기 때문에 글라우콘, 우리는 나라가 정의로운 것과 마찬가지로 사람도 똑같이 정의롭다고 말할 것이네.

—— 필연적으로 그렇습니다.

—— (…) 적어도 나라에 있어서 정의는, 나라를 구성하는 세 가지 계급이 각각 제구실을 수행하는 것으로부터 나온다는 것을 우리는 결코 잊지 않고 있네.

—— 우리는 그것을 잊지 않고 있다고 생각됩니다.

—— 따라서 우리는 자기 안에 있는 여러 다른 부분들이 제각기 제 일을 하는 자가 정의로운 사람이라고 말할 수 있을 것이오.

—— (…) 그런데 이성적인 기능은 영혼 전체를 위해 현명함과 예지적인 능력을 가지고 있으므로 명령하는 데에 적합한 것이 아니겠는가? 그리고 격렬한 감정적 기능은 이성적인 기능에 복종하고, 그것을 위해 일할 준비가 되어 있어야 하는 것이 아닌가?

—— 전적으로 그러합니다!

—— 그렇다면 우리가 말했듯이, 음악과 체육을 섞는 것은 그 두 기능을 하나로 합쳐 놓는 것이 되지 않겠나! 즉 아름다운 말과 지식을 제공함으로써 음악의 생기를 강화하고, 한편 화음과 장단으로 길들이고 순화시키면서 체육을 완화시키는 것이 되겠네.

—— 과연 그렇습니다.

—— 이 두 기능은 이러한 교육을 받은 이후, 또한 어떤 일이 그들의 것인지를 진정으로 배우고 지도받은 이후에 욕망을 나타내는 기능으로 나아갈 수 있을 것이오. 그 기능은 우리 각자의 영혼에서 가장 큰 부분이며, 본질적으로 가장 만족시키기 어려운 것이라네. 육체와 관련된 소위 쾌락이라는 것을 실컷 즐기면서 욕망의 기능이 크고 강하게 되는 것을 막기 위하여, 또한 자신의 일은 수행하지 않은 채 자기 위치에 걸맞지 않게 그 두 기능을 노예로 삼아 지배하려고 하는 것을 막기 위하여, 또한 모든 것에 있어서 그것이 전체적인 존재의 방향을 거꾸로 뒤집어 놓는 일이 없도록 하기 위하여 그 두 기능은 그들 각자가 욕망의 기능을 감시하게 될 것이네.

플레이아드판 번역에 따름, 제4권, 441절, 1011-1012쪽.

위의 인용문은 소크라테스의 추론에서 나온 결론들을 종합해 놓은 것이다.

제1권에서 소크라테스는 불의를 찬미하는 트라시마코스의 선동적인 격렬함과 맞서야 했다.

"부정한 행동을 저지르는 데 대한 두려움이 아니라, 부정한 행동의 희생자가 되는 것에 대한 두려움이 불의를 모욕으로 여기는 사람들에게 치욕을 불러일으킵니다. 그들은 치욕으로 불의를 덮어 버립니다. 그러니 소크라테스여, 불의는 그것이 적당한 정도에 이를 때 정의보다 더 강하고, 더 자유로운 위엄을 지니며, 더 많은 당당함을 가집니다."

제1권, 344절, 881쪽.

제2권(제2권, 360절, 900-902쪽)에서 트라시마코스의 말을 이어받아 글라우콘은 기게스 목자의 전설을 활용한다. 우연히 사람들 눈에 보이지 않게 해주는 반지를 발견함으로써 그는 그것으로 왕비를 유혹하여 왕의 자리에 앉게 된다. 글라우콘은 마술 반지에 의해 형벌의 면제가 보장된다면 어느 누구도 정의롭게 행동하지 못할 것으로 보았다. 따라서 우리는 정의를 거역할 수 있는 힘을 지니지 못한 채 그것의 가치를 찬양하게 될 것이다.

정의에 대한 변증법적 분석에 의해, 소크라테스는 그것이 우리가 기꺼이 규정할 수 있는 어떤 정확한 '개념'에 관계된 것이 아님을 보여 주게 되었다. 정의는 우선 정신의 한 측면이 아니다. 정의는 존재를 가능케 하는 하나의 조건이다. 제1권(제1권, 352절, 893쪽)에서부터 이러한 생각이 드러나는데, 처음에는 단순히 부정적인 방법으로 그려진다.

"불의는 분명 다음과 같은 종류의 고유성을 지닌다. 즉 나라에서건, 가정에서건, 군대에서건, 그밖의 어디서든지 불화와 반론을 이유로 자신 속에서 일관성을 갖지 못하게 하는 것이 불의의 첫번째 효력이고, 다음으로는 자신과 반대의 것, 즉 정의를 향해서뿐만 아니라 그 자신을 향해서도 근본적인 적대감을 생겨나게 하는 것, 그것이 바로 불의이다."

위 인용문에서는 왜 불의보다 정의를 선호해야 하는지에 대해 보여 주고 있다. 그것은 도덕적이거나 혹은 교화적인 선택에 의해서 그래야 하는 것은 아니다……

도시국가라는 모범은 더욱 잘 이용될 수 있을 것이다. 실상 나라 안에서는 여러 가지 보충적인 기능들을 구별지을 수 있다. 철학자〔통치자〕들은 그들이 가진 전체를 보는 시각의 힘으로 각 사물을 그 최선으로 이끌 수 있는 자이고, 권력의 수호자〔군인〕들은 철학자의 지휘 아래 영리하게 힘을 행사할 수 있는 자들이며, 생산자들은 앞의 두 종류의 사람들에게 복종하면서 나라의 경제적인 기초를 마련하는 자들이다. 이 세 부분이 각각 본질에 따라 자신의 역할을 다해야 하고, 그들간의 균형이 잘 조화를 이룬다는 가정하에서만 나라는 유지될 수 있다. 예를 들어 권력의 수호자들이 철학자의 지침 없이 권력을 행사한다면, 독단과 폭력이 나라를 점령할 것이다. 또한 생산자들이 그들의 법을 강요한다면, 금권 정치와 무정부주의가 나라를 점령할 것이다. 따라서 사물의 본성에 근거한 질서와 잘 조정된 조화로움이 필요하다. 정의는 정확히 말해서 이러한 조화가 존재할 수 있는 덕성이다.

같은 방식으로, 영혼을 세 가지로 분류할 수 있다. 영혼의 세 부분은 세 가지의 보완적이고 구별되는 기능으로 이루어져 있다. 지식에 의해 선을 명령하는 지성적인 부분과, 행동하는 자발(의지)적인 부분, 그리고 육체의 필요에 연관된 기능들을 충족시키는 기능적인, 혹은 '야만적인' 부분이 있다. 이 세 부분들의 중요성은 그 존엄성에 반비례한다. 세번째 부분이 실상 '영혼의 가장 큰' 부분이다. 따라서 지성적인 부분이 조심스레 지배력을 행사하는 것은 중요한 일이다.

영혼과 국가 사이의 이러한 유추는 왜 영혼에, 국가에 대한 분석에서 끌어낸 결론들을 적용하는 것이 가능한가를 이해할 수 있게 해준다. 두 가지 모두 보충적인 부분들과 전체를 구성하기 위해 소집된 다양한 부분들 사이에서 조화를 생각하는 것과 관련된다. **이러한 논리 안에서 영혼의 행복은 국가의 행복처럼 그 존재와 혼동된다.** 영혼과 국가, 이 두 가지는 모두 이상적인 조화로움을 존중하는 조건하에서만 존재할 수 있다.

문헌 4

플라톤, 《향연 혹은 사랑에 대하여》[5]

아름다움이란 눈에 보이지 않는 것!

아름다움과 완전함

아폴로도로스는 아가톤이 주최한 한 향연에 대해 이야기한다. 초대받은 사람들은 사랑이라는 주제에 대한 아름다운 담화들로 빛을 발한다. 소크라테스는 그곳에서 어느 날 그가 만티네이아의 한 여인 디오티마에게서 들은 이야기를 전한다.

다음을 명심하세요. 이 목적을 향해 곧바로 나아가려 한다면, 어렸을 때부터 아름다운 육체를 가까이하기 시작해야 하고, 무엇보다도 올바른 지도자가 있다면, 오직 아름다운 육체만을 사랑하는 것으로 시작해야 하며, 이것을 기회로 아름다운 담론을 펼쳐 나가기 시작해야 합니다. 그 다음에는 한 육체에 있는 아름다움은 다른 육체에 있는 아름다움의 자매임을 이해해야 하고, 아울러 우리가 감각적인 형태 속에서 아름다움을 추구해야 한다면, 모든 육체 속에 있는 하나의 동일한 아름다움을 알아보지 못하는 것은 특별한 잘못이 됨을 이해해야 합니다. 이러한 깨달음 이후에는 모든 아름다운 육체들을 사랑하게 되고, 또 한편으로는 한 특정한 개인에 대한 지나친 사랑은 누그러지게 됩니다. 왜냐하면 그러한 사랑은 어리석고, 하찮은 것임을 깨닫게 되기 때문입니다. 따라서 영혼에 깃든 아름다움을 육체의 아름다움보다 높이 평가하게 됩니다. 만약 아름답지 않은 육체에서 그 영혼의 아름다움을 발견한다면, 그 존재를 사랑하고, 돌보며, 그를 위해 적합한 말을 해주고, 그에게서 최고의 젊음을 가능케 하는 점을 찾아내야 합니다. 그럼으로써 의무와 제도 속에서도 아름다움을 찾아내게 될 것이고, 또한 어떠한 연관 관계가 이 모든 것들을 연결하는가를 알아차리게 될 것이며, 이것은 그로 하여금 육체의 아름다움은 그리 중요한 것이 아님을 깨닫게 할 것입니다. 그의 안내자는 그를 앎의 세계로 이끌어야 합니다. 그가 앎 속에 어떠한 아름다움이 있는지를 알게 하고, 또한 그의 시선을 이미 광대한 아름다움의 분야로 돌림으로써 유일한 주인에 예속된 하인처럼 더 이상 오직 젊은이의 아름다움에만 집착하거나, 혹은 한 가지의 유일한 아름다움만을 추구하는 것을 막아야 합니다. 그러한 집착은 그를 빈곤한 존재와 편협한 정신으로 만들어 버리는 것입니다. 반대로 이 거대한 아름다움의 바다를 향해 눈을 돌리고 그것을 주시함으로써 그는 수많은 아름다움과 숭고한 담론들을 만들어 내게 되고, 지혜를 위한 경계 없는 사랑의 영감을 받은 사람들을 이끌어 내게 됩니다. 또한 그것은 그가 이루어 낼 힘과 발전이 그로 하여금 내가 지금부터 당신에게 말하고자 하는 아름다움에 관한 지식의 본질을 전달해 줄 유일한 지식을 발견토록 해줄 것입니다. (…) 첫째 아름다움의 존재는 영원하고, 타락에서와 마찬가지로 생성에서도, 또한 쇠퇴에서와 마찬가지로 증대에 있어서도 생소한 것이다. 둘째 어떤 관점에서는 아름답고, 또 다른 관점에서는 추하거나, 어떤 순간에는 아름답고, 또 다른 순간에는 추하거나, 또는 어떤 곳에서는 아름답고, 또 다른 장소에서는 추하거나, 혹은 어떤 이에게는 아름답게 보이고, 또 다른 이에게는 추하게 보이는 일이 없습니다. 더군다나 이 아름다움은 한 개인에게, 예를 들어 얼굴이나 손, 혹은 육체의 어느 한 부분의 형태로서 나타나지 않을 것입니다. (…) 하지만 아름다움은 그것 자체로, 그것에 의해, 아름다움이 지닌 형태적인 본질의 단일성 속에서 합치되어 영원히 나타날 것입니다. 반면 다른 아름다운 대상들은, 즉 존재하게 될 혹은 존재하기를 멈춘 다른 대상들은 현실에서 어떠한 증대나 쇠퇴, 어떠한 변화와도 무관한 방식으로 이루어진 자연의 특성을 지닙니다.

플레이아드판, 745쪽 및 이하.

다른 담화들과 달리 디오티마는 사랑을 신처럼 여기지 않는다.

사랑의 본성은 욕망하는 것이므로 사랑은 언제나 무엇인가**에 대한** 사랑이다. 이러한 맥락에서 사랑은 그가 소유하지 않은 어떤 것을 향해 있다. 신과는 달리 사랑은 좋고 아름다운 것만을 소유하고 있지 않다. 따라서 본질적으로 사랑은 궁핍——사랑은 그에게 결여된 것을 욕망한다——과 소유——사랑은 부와 아름다움이 욕망할 만한 것임을 안다——사이의 중개자이다. 사랑의 탄생에 관한 신화가 그것을 증명한다. 사랑은 풍요(포로스(Poros))와 빈곤(페니아(Pénia)) 사이에서 태어난 아들이다. 사랑은 아프로디테의 탄생 축제 때에 잉태되었다. 이렇듯 사랑의 대상은 '좋은 것에 대한 영구적인 소유'이다. **따라서 사랑은 그가 갖지 못한 아름다움을 찾아나선 최초의 여정을 함축하고 있다.**

이 문헌은 《메논》의 발췌 부분(문헌 1)과 다소 유사점을 가진다. 여기에서도 또한 여러 가지 예시로부터 한 가지 유일한 개념을 향해 올라가고 있다. 하나의 아름다운 육체로부터 여러 개의 아름다운 육체에 대한 고려가 진행되고, 각자 지닌 아름다움이 다른 이들의 아름다움의 '자매'가 된다. 이런 식으로 우리는 유일한 아름다움을 향해 이끌리게 된다. 이러한 사고 대상의 변증법적인 초월은 놀라움을 줄 수도 있다. 미덕과 같은 추상적인 관념의 경우, 예시들이 모두 하나의 정의로 귀결되는 것을 이해할 수 있다. 하지만 지금 여기에 있는 그대로 나를 만족시키는 대상이나 작품이 어떻게 일반적인 하나의 개념에 연결될 수 있단 말인가?

이 인용문에서 채택된 관점은 우리의 사고 습관에 충격을 준다. 낭만적인 미학에 의해 길들여진 우리는 특이성과 특별성에 특권을 부여한다. 하지만 우리가 만들어 내는 판단은 이러한 독창성을 초월한다. 우리는 기꺼이 "이것은 아름답다"라고 말한다. 이러한 유형의 판단은 그것을 바라든 바라지 않든 간에 우리가 말한 대상을 그것이 속하는 범주 안에 종속시킨다. 나는 이 작품을 아름답다고 말한다. 왜냐하면 내가 그것에서 아름다움의 특징을 보았기 때문이다. 마찬가지로 나는 이 행동을 덕스러운 행동이라 말한다. 왜냐하면 그것이 덕목의 개념과 일치하기 때문이다. **플라톤의 분석 대상은 따라서 어떠한 특정 작품을 떠나서 많은 작품과 사람, 심지어 행동에서 동일하게 아름다움의 인상을 주는 것이 무엇인지를 이해하는 것이다.** 따라서 아름다움은 본래 절대적이고 영원하며, 눈에 보이지 않는 완벽함으로 나타난다. 이러한 정의는 추상적이지 않다. 사실 이 정의는 아름다운 작품과 대상들에 대한 경험을 이해하게 해준다. 시선을 멈추게 하고, 변화에 의해 영향받지 않으며, 어떠한 추가나 삭제도 필요로 여기지 않는 것은 아름답다. 한마디로 아름다움이란 완벽함이다.

문헌 5

데카르트, [6] 《형이상학적 성찰》 II [7]

불가능한 실수

"나는 생각한다, 나는 존재한다"

감각, 편견, 혹은 전통에 의해 부과된 것을 진실로 받아들이기를 거부하면서 데카르트는 스스로 증명되어질 수 있는 진리를 찾아나섰다. 오직 체계적인 의심만이 이러한 유형의 진리가, 만약 그것이 존재한다면 빛을 볼 수 있게 해준다.

그러므로 내가 보는 모든 것들이 거짓이라고 나는 생각한다. 거짓으로 가득 찬 나의 기억이 나에게 보여 주는 모든 것들 중에서 어떠한 것도 존재한 적이 없었다고 나는 확신한다. 나는 아무런 감각도 가지고 있지 않다고 생각한다. 나는 육체나 형태나 면적이나 움직임이나 장소 등이 내 정신에서 나온 허구일 뿐이라고 생각한다. 그렇다면 도대체 무엇이 진실된 것이라고 여겨질 수 있는가? 아마도 이 세상에 확실한 것은 없다는 것말고는 아무것도 없을 것이다.

그러나 만약 사람들이 조그마한 의심도 품을 수 없는 것, 내가 조금 전에 불확실하다고 판단한 것들과는 다른 어떤 것이 정말 없다면, 나는 무엇을 알고 있는 것일까? 나의 정신 속에 이러한 생각을 갖게 하는 어떤 신이나, 다른 어떤 권능자는 결코 없는 것일까? 그것은 필요하지 않다. 왜냐하면 아마도 내 자신 스스로가 그러한 생각들을 지어낼 수가 있기 때문이다. 그렇다면 나는 적어도 그 무엇이 아닐까? 그러나 나는 이미 내가 어떠한 감각이나 육체를 가지고 있다는 것을 부인하였다. 그럼에도 불구하고 나는 주저한다. 왜냐하면 그로부터 어떠한 결과가 나올 것인지가 의문이므로. 육체나 감각이 없이는 아무것도 아닐 정도로 내가 그렇게 육체와 감각에 종속되어 있는 것일까? 하지만 나는 이 세상에는 아무것도 없다고, 하늘도 땅도 정신도 육체도 없다고 스스로 확신하였는데, 그렇다면 내가 없다는 것에도 확신하지 않았는가? 아니 분명 내가 확신하였거나 **혹은 다만 내가 무언가를 생각하였을 때, 나는 틀림없이 존재하였다.** 그러나 내가 모르는 어떤 위력을 가진 매우 간교한 사기꾼이 있어서, 나를 속이는 데에 항상 그의 꾀를 동원한다. 그러므로 그가 나를 속인다면 내가 있다는 것은 의심할 여지가 없다. 따라서 그가 원하는 대로 나를 속인다 하더라도, 내가 나 자신을 어떤 것이라고 생각하는 한 그는 나 자신이 아무것도 아니게 할 수는 결코 없다. 따라서 잘 생각해 본 후에, 또한 **모든 것을 엄밀하게 조사해 본 후에** 마침내 **"나는 있다. 나는 존재한다"**라는 이 명제는, 내가 그 말을 할 때마다, 혹은 내가 그것을 내 정신으로 파악할 때마다 필연적으로 진실이라고 결론을 내려야 하며, 항구적인 것으로 받아들여야 한다.

그러나 나는 내가 존재한다는 것을 확신하고 있는 나 자신이 무엇인지는 아직도 충분히 명확하게 알지 못한다. 그러므로 이제부터는 부주의하게 다른 어떤 것을 나로 생각하지 않도록 조심해야 하며, 지금까지 내가 알아왔던 모든 것들보다 더 확실하고 더 명백하다고 주장하는 이러한 지식에 있어서조차 잘못 생각함이 없도록 조심해야 한다.

제2권, 프랑스대학출판(PUF), '쿼드리지' 판.

데카르트는 여기에서 철학적 글쓰기의 규칙들을 바꾸고 있다. 이 책의 제목인 '성찰'이 그것을 잘 드러내 준다. 이것은 성 이그나티우스[8]의 정신 수행의 법칙에 따라 저자가 라 플레쉬대학교에서 발견한, 한 가지 사고에 대한 모든 논리적 귀결들을 탐색하기 위한 내적이고 개인적인 노력을 하는 것과 관련된다. 따라서 데카르트를 이해하려면, 그가 소개하는 지적 경험을 반드시 우리 자신 안에서 완수하여야 한다. 즉 문헌의 '나'는 내 것이어야 한다.

위의 인용문은 일종의 의지주의로 시작되고 있다. "나는 확신한다" "나는 생각한다" 등의 어조를 보면 알 수 있다. 나는 놀랄 만한 대담성을 보여 주어야 한다. 나의 감각과 나의 추억들과 내 생각들이 하나의 현실에 해당함을 부정할 정도로 말이다. 어떻게 그렇게까지 될 수가 있을까? 우리는 여기에서 모든 것을 의심하는 철학자의 머릿속에 억지로 떠오른, 우스꽝스러운 공상의 한 예를 발견하는 것은 아닌지 의심스럽다.

하지만 그것은 아니다. 왜냐하면 의심은 진지하게 고려되어야 한다. 우리의 확신을 위태롭게 만드는 일상적인 상황들은 사실 여럿 있다. 예를 들어 그림이 있을 뿐인 장소에 조각상이 있다고 믿게 하는, 혹은 도로가 있는 곳에 물웅덩이가 있다고 믿게 하는 시각적인 환상이 있고, 완벽하게 건강한 수족의 일부가 소위 심신의 혼란에 의해 고통받는 경우도 있다. 이러한 경험들은 감각이나 영상, 그리고 우리의 정신에서 이루어진 사고가 꼭 그 대상들과 맞아떨어지는 것은 아님을 보여 준다. 이것은 우리에게 두 가지를 가르쳐 준다. 첫째 감각적인 힘은 진리의 한 기준이 아니라는 것과, 둘째 존재하지 않는 사물들의 구현을 보는 것이 가능하다는 것이다. 의심은 정확하게 자기 자신에 의해 이루어진 구현들에 대해 의심하는 것과, 그로부터 결론을 이끌어 내지 않도록 조심하는 것이다.

의심하는 것은 자신의 판단을 중단하는 것이다……. 어떤 것도 그것을 벗어나지 않는다. 나는 나의 모든 사고와 감각들을 그 대상으로부터 떼어내고, 그것과 독립적으로 생각할 수 있다. 이 의심은 무엇을 보여 줄 수 있는가? "아마도 이 세상에 확실한 것은 없다는 것말고는 아무것도 없을 것이다." 우리는 회의적인 의심이라는 형을 언도받았고, 그것은 지나쳐 버릴 수 없는 의심이다.

하지만 나는 그 속에서 저항하는 하나의 진리를 포착하기 위해 모든 것을 의심하였다. 가장 의심할 여지가 없는 생각들을 다시 시험하기 위해서는 그것들에 대한 분석을 재개해야 한다. 여기에서 신에 대한 생각은 저항하지 않는 것처럼 보인다. 나는 분석의 이 단계에서 신의 존재에 의문을 제기해야 할 어떠한 필요도 느끼지 않는다. 왜냐하면 내 자신이 내 생각들을 만들어 낼 수 있음을 경험하기 때문이다. 육체에 대한 생각도 역시 피해야 한다. 그것은 내가 나의 감각들을 의심할 수 있고, 또한 내가 육체를 소유하고 있음을 의심할 수도 있기 때문이다. 그렇다면 남은 것은 무엇인가? 이러한 하나씩 지워 나가기 놀이에서 슬며시 빠져나가는 것이 있다. 그것은 바로 **내가 생각하는 한에서는 내가 존재함을 확신한다**는 것이다. 사실 내게 있어서 "나는 존재한다"라는 생각을 그 대상으로부터 분리시키는 것은 절대적으로 불가능한 일이다. 다른 모든 생각들에 대해서 내가 그것을 할 수 있었다 하더라도 말이다. 여기에서 생각한다는 사실은 내가 적어도 생각하기 위해서는 충분하게 존재한다는 것을 내게 보여 준다. 결과적으로 만약 내가 "나는 존재한다"라는 생각을 그 대상인 나의 실재 실존과 떼어 놓을 수 있다면, 나는 "나는 존재한다"라고 말하기 위해 여기에 있지 않을 것이다.

따라서 의심이라는 비극적인 시련은 우리를 **그 자체의 준거 기**

준인 진리, 즉 **확실함** 앞에 대면하게 만든다. 매우 엄밀하게 보자면 "내가 그것을 말하기 때문에 '나는 존재한다'는 사실이 된다"라고 말하는 것은 정당하다. 그것을 생각하거나 말하는 것이 그것을 증명하는 것이다. 만약 내가 그것을 생각하지 않는다면, 그것은 대상을 가질 수 없다. "나는 생각한다. 고로 나는 존재한다"는 말이 흘러나오는 녹음기는 진실이 없는 언술을 내보낼 뿐이다.

이러한 근본적인 발견은 심리학적 유형에 속하는 내밀한 자아의 발견으로 취급되어서는 안 된다. **나는 내가 존재한다는 것을 안다. 하지만 나는 내가 무엇인지는 알지 못한다.** 예를 들어 나는 내가 육체를 갖고 있는지 알지 못한다. 생각하는 사물로서의 내 실존에 대한 확신은 내 감각에 대한 의심과 공존한다.

그러므로 만약 내가 진실한 것으로 인정받기 위해 신념이나 권위 혹은 습관의 도움을 필요로 하지 않는 것이 하나라도 있음을 발견했더라도 나는 신중함을 잃지 말아야 하고, 자신의 까다로움을 유지해야 한다. 즉 의심의 여지없이 확실한 것만을 진실로 받아들여야 한다는 말이다.

문헌 6

데카르트,《형이상학적 성찰》II

정신은 어디에나 있다

보는 것은 판단하는 것이다

의심은(문헌 5를 보시오) 나 자신이 생각하는 사물처럼 존재한다는 것을 보여 주었고, 또한 결과적으로 육체보다는 정신이 어떤 것을 아는 것에 훨씬 용이하다는 것을 보여 주었다. 생겨날 수 있는 이의들을 제거하기 위하여, 데카르트는 단순한 물질적 사물인 한 덩어리의 밀랍조차 감각에 의해서가 아니라 정신에 의해서 인식된다는 것을 보여 주고자 한다.

벌집에서 막 떼어낸 한 조각의 밀랍을 예로 들어 보자. 그것은 아직 꿀의 달콤한 맛을 잃지 않고 있으며, 아직도 채취되기 전에 그것이 가지고 있던 꽃향기의 일부를 지니고 있다. 그것의 모양·빛깔·크기는 명확하다. 그것은 단단하고 차가우며, 사람들이 만질 수 있고, 또 그것을 두드리면 어떤 소리를 낼 것이다. 즉 한 물체를 확실히 알려 줄 수 있는 모든 조건들이 그 속에 들어 있는 것이다.

그러나 내가 말하고 있는 동안 그 밀랍을 불에 가까이 대어 보라. 그러면 남아 있던 향취는 발산되고, 냄새가 사라지며, 색깔이 변한다. 모양은 없어지고, 크기가 커지며, 액체가 되어 뜨거워진다. 거의 만질 수도 없고, 또 그것을 두드리더라도 아무런 소리도 이제는 나지 않는다.

　이러한 변화 후에도 여전히 처음의 밀랍으로 남아 있는가? 우리는 여전히 밀랍이 있다고 말하지 않을 수 없으며, 아무도 그것을 부인할 수 없다. 그렇다면 우리가 이 밀랍 조각에 대해서 알았던 것은 대체 무엇인가? 그것은 확실히 내가 감각을 통하여 파악했던 것들 중 어느것도 아니다. 왜냐하면 미각이나 후각, 시각이나 촉각, 혹은 청각에 의해 파악된 모든 것들이 변했음에도 불구하고 밀랍은 그대로 남아 있기 때문이다.

　아마도 그것은 내가 지금 생각하고 있는 것이었을지도 모른다. 즉 밀랍은 꿀의 단맛도 아니었고, 꽃의 싱그러운 향기도 아니었으며, 흰빛이나 모양이나 소리도 아니었고, 다만 조금 전에 그와 같은 형태로 나에게 나타났으며, 지금은 다른 형태로 나타나 있는 한 물체일 뿐이다.

　그러면 내가 밀랍을 이와 같은 종류의 물체로 생각할 때, 내가 상상한다는 것은 정확히 무엇을 말하는가? 그것에 대해 주의 깊게 생각해 보자. 또한 밀랍의 특성에 속하지 않는 모든 것을 제외한 뒤에 무엇이 남는지 살펴보도록 하자.

　확실히 보다 넓어지거나, 구부러질 수 있거나, 혹은 변형될 수 있는 어떤 것 이외에는 아무것도 남아 있지 않다. 그렇다면 이 구부러지고 변형될 수 있는 이것은 무엇인가? 그것은 내가 이 둥그런 밀랍이 네모도 될 수 있고, 네모에서 세모가 될 수도 있다고 상상하는 것이 아닐까? 분명히 그렇지는 않다. 왜냐하면 나는 밀랍이 그와 같은 무한한 변형을 지닐 수 있음을 이해하지만, 나의 상상력에 의해서 그 무한성을 모두 따라갈 수는 없으며, 따라서 내가 밀랍에 대해서 가지고 있는 이 개념이 상상하는 능력에 의해서 완성되는 것은 아니기 때문이다.

그렇다면 이러한 변형은 무엇인가? 그것 또한 인식되지 않은 것이 아닌가? 녹아내린 밀랍 안에서 확장은 증가되어 밀랍이 완전히 녹았을 때 그 확장은 더욱 커지며, 열이 올라갈수록 더욱더 커지기 때문이다. 만약 밀랍이 변형됨에 따라 많은 변화를 일으킬 수 있음을 생각하지 않는다면, 나는 내가 결코 상상하지 못했던 밀랍이 무엇인가에 대한 진실을 파악할 수 없을 것이다.

그러므로 이 밀랍이 무엇인가는 결코 상상에 의해서 파악되는 것이 아니라, 오성만이 그것을 파악한다는 것을 인정해야만 한다. (…)

나는 일상 언어에서 사용되는 용어 때문에 거의 잘못 생각하고 있었다. 왜냐하면 만약 누가 우리에게 밀랍을 보여 준다면, 우리는 그냥 밀랍을 본다고 말하지, 빛깔이나 모양이 같기 때문에 그것이 동일한 밀랍이라고 판단하지는 않기 때문이다. 그러므로 나는 사람들이 시각에 의하여 밀랍을 아는 것이지, 정신의 성찰만으로 아는 것은 아니라고 거의 결론내리고 싶다. 만약 창가에서 길을 지나가는 사람들을 우연히 본다면, 내가 밀랍을 본다고 말하는 것과 마찬가지로 사람들을 본다고 말할 것이다. 하지만 나는 그 창문을 통해 태엽에 의해서만 움직이는 가짜 인간이나 유령들을 덮어씌운 것일지도 모르는 외투나 모자 이외에 또 무엇을 본다는 말인가? 그러나 나는 그들이 진짜 사람들이라고 판단하며, 그렇게 나의 정신 안에 있는 유일한 판단력에 의하여 내 눈으로 본다고 생각한 것을 이해하게 되는 것이다.

                                    제2권, 프랑스대학출판, '쿼드리지' 판.

지식은 여러 가지 사고에 대한 명확함과 구별을 전제로 한다. **나는 내가 명확하게 이해하는 것만을 사실상 진실로 취할 수 있다.** 그러므로 이 밀랍 조각을 알게 해준 지각들은 분명하게 구별된다.

즉 벌집의 냄새와 다른 것을 혼동할 수 없고, 밀랍의 특징적인 색깔을 다른 것과 혼동할 수 없다는 말이다. 따라서 나는 즉각적으로 참된 지식과 연관되어 있는 것처럼 보인다.

그러나 내가 밀랍을 알아보게 한 모든 특징들은, 밀랍 한 조각을 불에 갖다대는 것만으로 충분히 사라질 수 있다. 그러한 근본적인 변화에도 불구하고 나는 그것이 여전히 밀랍이 변한 것임을 안다. **따라서 나의 지식이란 것은 감각으로부터 오는 게 아니라고 할 것이다.**

나는 내 안에서 함축적인 지식을 발견한다. 밀랍이 내게 주는 감각들이 완전히 다르더라도, 여전히 그것이 밀랍이라고 말할 수 있기 위해서는 "그것은 꿀의 단맛도 아니었고, 꽃의 향기도 아니었으며, 흰빛도 아니었고, (…) 다만 조금 전에 이와 같은 형태로 내게 나타났으며, 지금은 다른 형태로 나타나 있는 한 물체일 뿐"임을 내가 알고 있어야만 한다.

따라서 이제 문제는 감각이 지식을 줄 수 없다면, 과연 지식은 어디로부터 오는 것인가 하는 것이다. 어떤 사물이 없을 때에도 그것을 감지할 수 있도록 재현하게 해주는 **상상력**이야말로 이 밀랍 조각이 바뀔 수 있는 여러 가지 형태들에 대해 생각토록 하는 능력이다. 그러나 이 대답은 곧 불충분한 것으로 판명된다. 왜냐하면 그 밀랍 조각은 본질적으로 일정한 형태 없이 유동적이라 온갖 형태로 변할 수 있는 능력을 갖고 있음을 특징으로 하기 때문이다. 하지만 상상력은 그러한 형태의 무한함을 모두 포용할 수 없다. 그러기 위해서는 모든 가능한 형태를 하나하나 재현하는 능력보다는 가능한 형태들의 무한성이 갖는 일반적인 사고를 형성할 수 있는 능력이 필요하다. 즉 구상하는 능력만이 그것을 가능하게 한다.

따라서 우리가 본다라고 말할 때는, 우리가 판단한다라고 말하는 것이 더 옳은 말일 것이다. 우리의 시각은 언제나 이미 정신에 의해 구축되어 있기 때문이다.

문헌 7

데카르트, 《뉴캐슬 공작에게 보내는 편지》,[9] 1646년 11월 23일

기계 인간?

언어 능력만이 유일하게 우리를 짐승들과 구분해 준다

"나는 생각한다"라는 맥락하에서 내가 존재한다는 것에 대한 확신을 할 수 있으므로, 나는 내 앞에 있는 타인이 생각하는 존재인지 아닌지를 알 수가 없다. 나는 의심의 경험을 실천하기 위해 그의 입장에 나를 둘 수도 없다. 그렇다면 어떻게 그를 단순한 하나의 물질적인 존재와 혼동하지 않을 수 있을까?

우리의 외적인 행동들을 연구하는 이들에게 우리의 육체가 단지 스스로 움직이는 기계일 뿐만 아니라, 그 속에 제시된 주체들에 대한 말이나 다른 기호들을 제외한, 어떠한 정열과도 무관한, 사유를 가진 영혼이 있다는 것을 확신하게 해줄 만한 것은 아무것도 없다. 나는 여기에서 말 혹은 다른 기호들이라고 말하는데, 그것은 벙어리들도 우리가 목소리를 사용하는 것과 같은 방식으로 기호를 사용하기 때문이다. 그리고 그 신호들은 앵무새의 말과는 다르나, 광인들의 말도 배제할 수 없다. 왜냐하면 비록 광인들의 말이 이성에 따른 것이 아니라 할지라도, 그들의 말은 말하는 주체와 여전히 관계를 갖고 있기 때문이다. 나는 말이나 기호들이 기쁨이나 슬픔에 의한 외침이나 혹은 그 비슷한 것들, 그리고 동물들에게 인공적으로 훈련시켜서 얻어낼 수 있는 모든 소리들을 제외한다면, 그 어떠한 정열과도 관련될 의무가 없음을 덧붙이려 한다. 왜냐하면 만약 우리가 까치 한 마리에게 주인이 오는 것을 보고 인사하도록 가르친다면, 그것은 단지 인사말을 내뱉는 것이 까치가 가진 정열들 중 하나의 움직임이 되게 하면서 가능하기 때문이다. 즉 그것은 까치가 무언가 맛있는 먹을 것을 얻게 될 것이라는 희망의 움직임이다. 만약 우리가 인사말을 하였을 때마다 먹을 것을 주는 것으로 까치를 길들여 놓았다면 말이다. 마찬가지로 우리가 개나 말·원숭이에게 하도록 만드는 모든 것들은 그들의 두려움이나 소망·기쁨의 움직임일 뿐이며, 따라서 그들은 그러한 행동을 어떠한 사고 없이도 행할 수 있다. 그러므로 내가 보기에 이와 같이 정의된 말이라는 것은, 오직 인간에게만 적합한 것임이 매우 분명해 보인다. 비록 몽테뉴[10]나 샤롱[11]이 인간과 인간 사이의 차이가 인간과 동물 사이의 차이보다 더 크다고 말하였다 할지라도, 동물들이 다른 동물들에게 자신의 정열과 관계되지 않는 무엇을 전달시키기 위하여 어떤 기호를 사용하는 일은 결코 찾아볼 수 없다. 그러나 아무리 불완전한 인간이라 할지라도 인간은 기호를 사용한다. 따라서 듣지 못하고 말하지 못하는 사람들도 그들의 생각을 표시하기 위한 기호를 발명하였다. 짐승들이 우리처럼 말하지 않는다는 것을 증명하기 위한 매우 강력한 논점으로 여겨지는 것은 짐승들이 아무런 생각도 갖고 있지 않으며, 말하기 위한 신체 기관을 갖지 못했다는 점이다. 우리는 짐승들이 서로 간에 말을 하지만, 우리가 그것을 듣지 못하는 것이라고 말할 수 없다. 왜냐하면 만약 동물들이 생각을 갖고 있다면, 개나 다른 동물들이 우리에게 그들의 정열을 표현하는 것처럼 그들의 생각 또한 우리에게 표현할 것이기 때문이다.

플레이아드판, 1252쪽.

문헌 6에서는 우리가 감각적인 성질들을 포착한 하나의 대상 자체가 그것의 성질들과 혼동되지 않으며, 그 성질들에 의해서 정의될 수 없다는 것을 보여 주었다. 즉 밀랍 한 조각은 사실상 "보다 확장되고, 구부러질 수 있으며, 변형될 수 있는 어떤 것"일 뿐이다. 데카르트는 이러한 결론을 모든 물질 대상에게로 확대한다. 따라서 "우리는 어떤 물질이나 보통의 육체가 갖는 성격이 단단하거나 무겁거나 색깔이 있는, 혹은 우리의 감각에 다른 어떤 방식으로든 영향을 미치는 것으로 결코 이루어져 있지 않고, 단지 길이와 넓이·깊이에서 더 확장될 수 있는 물질로 이루어져 있음을 알게 될 것이다."《철학의 원리》 II, 34) **결론적으로, 모든 육체는 서로 닮아 있다.** 그들 모두는 공간 속에서 사물을 지배하는 법칙들에 종속되어 있다. 따라서 자연적인 것과 인공적인 것 사이에 차이란 없다. **동물들의 행동은 로봇의 행동처럼 설명 가능하고, 그 반대도 마찬가지이다.** 동물들의 매우 주목할 만한 수행 능력들조차 그들이 정신을 타고났다는 것을 증명하지는 않는다. "기관의 배치에 따라 그들 안에서 움직이는 것은 바로 자연이다. 그러므로 우리는 톱니바퀴와 태엽으로 이루어졌을 뿐인 괘종시계가 시간을 셀 수 있고, 우리의 모든 신중함보다 훨씬 더 정확하게 시각을 표시할 수 있음을 본다."《방법서설》 V)

이러한 맥락에서 인간의 특수성은 사라진 것처럼 보인다. 외적인 면에서 보여진 바로 인간은 전체적으로 하나의 기계에 비교될 만하다. 그가 이루어 낼 수 있는 모든 성과들이 내가 내 앞에 내면 성과 의식, 사고의 능력을 타고난 한 존재를 대하고 있다고 말할 수 있게 해주지 않는다. 하지만 내면성이 갖는 외적인 기호들에 대해 생각해 보아야 한다. 그것이 가능하지 않는 경우 나는 주관성, 즉 유아론(唯我論) 속에 갇혀 버리게 될 것이다. 내가 생각하는 한에서 내가 존재한다는 것은 확실하다. 또한 다른 사람들의 의식에 접근할 수 없다는 것도 확실하다.

말은 주관성을 표현하는 유일한 객관적인 기호이다. 결과는 바로 원인을 나타내는 기호이므로, 말은 그것이 정신에 의해서만 산출될 수 있다는 조건하에서 정신의 기호이다. 데카르트는 이러한 조건을 자기 자신이 쓴 문헌에 대한 설명을 붙임으로써 증명하려 한다. 다음의 세 가지 기준이 육체의 기능에 의해 설명 가능한, 반사적인 말의 의식적인 의도에서 나오는 말을 식별할 수 있게 해준다. 즉 "말이나 주체들에 대한 다른 기호들로서, 어떤 다른 정열과 무관하다."

기호를 만들어 낼 수 있는 능력은 말이 육체적인 원인에 의한 기계적인 효과가 아님을 분명하게 보여 준다. 나는 내가 성대를 갖고 있기 때문에 말하는 것이 아니라, 단지 내가 무언가 말하고 싶기 때문에 말하는 것이다. 그와 마찬가지로 기호화하려는 의도는 그것의 완성 조건들을 선행한다. 기호는 수단일 뿐인 것이다.

주제의 적절성은 또한 말이 미리 녹음된 메시지나 혹은 앵무새가 의미도 모른 채 반복하는 특별한 단어들과 같지 않음을 증명한다. 제시된 주제들에 대해 자신의 생각을 표현하는 것은 우연히 생긴 것에 대한 의식과, 상황이 새롭게 변함에 따라 알맞게 기능하는 사고 능력을 전제로 한다.

정열과 비교하여 독립성은 결국 기능에 대한 동일한 독립성을 나타낸다. 기쁨이나 슬픔에 의한 외침은 실제적인 생각을 증명할 수는 없다. 왜냐하면 그것은 육체의 구조에 의해서 충분히 설명되기 때문이다. 그것은 내 앞에 있는 타자가 필요나 감정에 대해 자유로운 의지를 유지한다면, 그는 내 앞에서 단순히 동물로서가 아니라 한 인간으로서 나타남을 의미한다.

문헌 8

데카르트, 《형이상학적 성찰》 IV

자유의 심연

"무동기(無動機)는 가장 낮은 수준의 자유이다"

"나는 생각한다"(문헌 5)와 언어 능력(문헌 7)은 나에게 자유를 보여 주었다. 나는 동물이나 다른 일반적인 물질 존재들과는 달리 인과적인 맥락에 의해 정의되지 않는다. 그렇다면 자유는 마치 정의되지 않는 사실처럼 오직 부정적인 방식으로만 정의되는 것인가?

또한 나는 신이 나에게 보다 충분하고 완전한 의지, 즉 자유 의지를 주지 않았다고 불평할 수는 없다. 왜냐하면 나는 자유 의지가 어떠한 경계 속에 제한되어 갇혀 있지 않을 만큼 충분히 모호하고, 확장될 수 있는 것임을 경험하기 때문이다. 그리고 여기에서 주목할 만하다고 생각되는 것은, 나의 내부에 있는 다른 모든 것들 중에서 그처럼 완벽하고, 그처럼 넓은 것은 아무것도 없기에, 나는 자유 의지가 더 완벽한 것이 될 수 있음을 인정하지 않는다. 왜냐하면 예를 들어 내 속에 있는 인식 능력을 생각할 때, 그 능력은 매우 협소하고 너무나 많이 제한되어 있다고 생각되며, 동시에 나는 그것보다 훨씬 더 넓고 무한한 다른 능력에 대한 생각을 가지고 있기 때문이다. 오직 내가 그러한 생각을 표상할 수 있다는 사실로부터 나는 아무런 어려움 없이 그러한 생각이 신의 본성에 속한다는 것을 알게 된다. 이와 마찬가지로 내가 기억력이나 상상력, 또는 다른 능력을 검토해 보아도 나의 내부에서 작고 협소하지 않은 것은 그 어떤 것도 없음을 발견하게 되며, 신의 세계 속에서 그 능력은 광대하고 무한하다는 것도 안다. 따라서 내가 나의 내부에서 경험하는 그토록 큰 능력이라고는 오직 의지밖에 없으므로, 나는 그 의지보다 더 광범위한 다른 어떤 능력을 가진 것을 알지 못한다. 따라서 내 자신이 신의 이미지와 신과의 유사성을 가지고 있음을 인식케 하는 것은 주로 의지이다. 왜냐하면 의지가 나에게 있어서보다는 신에게 있어서 비교할 수 없을 만큼 훨씬 크기 때문인데, 그것은 인식과 그 인식과 함께 있는 능력이 의지를 더욱 강하고 효과적이게 한다는 이유로 그러하고, 또한 대상의 측면에서 볼 때 신의 의지는 나의 그것보다 무한하게 더 많은 것들에 관여하기 때문이기도 하다. 내가 신의 의지를 형식적으로 그 자체로만 고찰하여 본다면, 그것은 내 의지보다 그렇게 크게 느껴지지도 않는다. 왜냐하면 의지는 오직 우리가 어떤 것을 할 수 있는지 혹은 할 수 없는지(즉 긍정하거나 혹은 부정하거나, 계속하거나 혹은 도망가거나)에 관한 일에만 관여하거나, 혹은 긍정하거나 부정하기 위해, 즉 오성이 우리에게 제시하는 사물들을 추구하거나 회피하기 위하여 있기 때문이고, 또한 우리는 외부의 어떤 힘도 우리의 의지를 제약하고 있다고 느끼지 않도록 행동한다. 내가 자유롭기 위해서 두 가지 상이한 것 중 어느쪽을 선택하느냐에 무동기적일 필요는 없다. 오히려 이와 반대로 내가 어느 한쪽으로 기울면 기울수록 좋은 것과 선한 것이 그쪽에서 만난다는 것을 내가 잘 알고 있어서건, 혹은 신이 내 생각의 내부를 그쪽으로 향하게 해서건 간에 더욱 자유롭게 나는 그쪽을 선택하고, 그것을 고른다. 그리하여 신의 은총과 타고난 인식이 나의 자유를 감소시키기는커녕 오히려 증대시키고 강화시킴이 분명하다. 따라서 아무런 이유도 없이 내가 다른 쪽보다는 어느 한쪽으로 조금도 기울어지지 않을 때 내가 느끼는 무동기는 자유의 가장 낮은 단계이고, 의지에 있어서의 완전성보다는 오히려 인식에 있어서의 결핍을 나타나게 할 뿐이다. 왜냐하면 내가 언제나 진실인 것과 좋은 것을 명확하게 인식한다면, 나는 어떤 판단이나 선택을 해야 할 것인가를 결정하는 데 별로 어려움을 느끼지 않을 것이기 때문이다. 그러므로 나는 결코 무동기적이지 않은 채 전적으로 자유로울 수 있다.

IV, 프랑스대학출판, '쿼드리지' 판.

의심에 대한 경험 덕분에, 내가 존재한다는 것을 규정한 이후에 나는 내가 무엇인지를 포착하려는 시도를 할 수 있다. 나를 환상으로 끌어들이는 과오 속에서 내 사고의 일부가 가진 모호함은, 나에게 내 인식 능력이 한계가 있음을 가르쳐 준다. 나는 모든 것을 알 수는 없으며, 또한 즉각적으로 인식하지도 못한다. 마찬가지로 내 상상력도 제한되어 있다. 밀랍 조각에 대한 인식이 보여 주었듯이 (문헌 6) 상상력은 무한성을 이해할 수 없다. 내 기억력 또한 제한되어 있다. '거짓으로 가득 차'(문헌 5) 있는 내 기억력은 내게 어떠한 진리도 보장해 주지 못한다. 따라서 만약 내가 나 자신을 정의해야 한다면, 한계성을 내 존재의 특징적인 성격으로 여길 수 있다. 나는 완전한 존재가 아니며, 신이 아니라는 것이다. 반면 유한성을 벗어나는 듯이 보이는 능력이 한 가지 있다. 하지만 내 의지는 실제 그 자체보다 더 크게 여겨질 수는 없다. 본질적으로 단순한 내 의지는 분할될 수 없고, 따라서 단계를 인정하지 않는다. 내가 외부의 구속 없이 행동할 수 있거나, 혹은 외부의 구속이 불가능하다고 말할 수 있을 뿐, 중간적인 용어는 없다. **그러므로 나는**

내 속에서 무한한 의지와의 불균형을 발견한다. 의지에는 단계가 없으므로 한계도 없지만, 나의 다른 능력들은 유한하기 때문이다. 이 불균형은 모든 능력에 있어서 무한한 신과의 비교에서 보다 선명하게 드러난다. 이러한 관점에서 신의 자유는 내 것보다 훨씬 크다. 그것은 신의 의지가 내 것보다 더 무한해서 그런 것은 아니다. 그것은 말도 안 된다. 하지만 의지와 결합되어 있는 신의 다른 능력들이, 그 중에서도 특히 오성이 무한하기 때문이다. 따라서 신과 나 사이의 이러한 차이를 인식하면서 나는 행동 규칙을 정할 수 있다. 즉 과오를 면하기 위해서 **나는 내 의지를 내 오성에 맞추어야 한다는 것이다.** 다시 말해서 완벽하게 명확한 것이 아니면 어떠한 것도 긍정하거나, 혹은 부정하지 말아야 한다. 마찬가지로 정신의 혼란을 피하기 위해서 나는 내 의지를 나의 능력에 맞추어야 하고, 불가능한 것을 욕망하지 말아야 한다. 즉 "세상의 질서를 바꾸려 하기보다는 내 욕망을 바꾸어야" 한다.(《방법서설》, III)

그러므로 자유란 아무것이나 할 수 있는 것이 아니다. 분명 자유는 결정주의나 구속에 대하여 독립적인 성격을 갖는다. 하지만 자유롭다는 것은 본질적으로 자기 행동의 주인이 된다는 것이고, 그것은 행동의 이유에 대한 인식을 전제로 한다. 따라서 내가 왜 행동하는지를 알수록 나는 보다 자유롭고, 다른 것을 원하는 데 있어서는 덜 자유롭다. 모순적이게도 자유는 다른 방식으로 존재할 수 없는 것의 특성인 필요와 대립하지 않는다. 이 모순은 우리가 외부로부터 구속하는 원인과, 내적으로 성찰된 동기인 이유를 혼동하는 것만큼이나 오랫동안 존재한다. 자유가 '무상성,' 동기의 부재, 무차별에 있다고 주장하는 자들은 실재로 이러한 혼동의 피해자들이다. 그들은 "무동기가 자유의 가장 낮은 단계임"을 이해하지 못하였다.

문헌 9

루소,[12] 《사회계약론》[13]

정당한 힘?

"힘은 권리를 만들지 않는다"

'힘의 법칙'이나 '가장 강력한 권리'와 같은 표현들은 당연한 것처럼 들리고, 지배 상황을 정당화하기 위한 손쉬운 주장들이다. 하지만 그러한 표현들은 엄격한 분석에는 저항하지 못한다.

자신의 힘을 권리로, 복종을 의무로 바꾸지 않는다면, 가장 강한 자도 항상 주인이 될 만큼 충분히 강한 것은 결코 아니다. 여기에서 가장 강한 자의 권리가 생겨나는 것이다. 그것은 표면상으로는 반어적으로 획득된 권리 같지만, 실제로는 원칙적으로 결정된 것이다. 그런데 그것에 대해 아무도 우리에게 설명해 주지 않을 것인가?

힘이란 물리적인 강함이다. 힘의 행사에서 어떤 도덕성이 나올 수 있을지를 나는 알지 못한다. 힘에 굴복함은 필요에 의한 행동이지 의지에 의한 행동은 아니다. 기껏해야 신중한 행동인 것이다. 그렇다면 어떤 의미에서 그것이 의무일 수 있겠는가?

소위 이 권리라는 것을 잠시 가정하자. 나는 권리로부터 나오는 것은 설명할 수 없는 횡설수설밖에는 없다고 말하겠다. 왜냐하면 권리를 만드는 것이 힘이라고 한다면, 당장 결과와 원인이 동시에 뒤바

뀌기 때문이다. 최고의 힘을 이겨낸 힘은 그 권리도 이어받는다. 아무 탈 없이 거역할 수 있게 되는 즉시 그것은 합법적인 것이 되며, 또한 가장 강한 자는 항상 옳기에 가장 강해지는 것만이 관건이다.

그런데 힘이 멈추면 사라지고 마는 권리란 어떤 것인가? 힘 때문에 복종해야 한다면, 의무 때문에 복종할 필요는 없고, 복종하도록 강요받지 않으면 더 이상 복종할 의무도 없어지고 만다. 따라서 이 권리라는 말이 힘에 덧붙이는 의미는 아무것도 없음을 우리는 알게 된다. 그 말은 여기서 아무런 의미도 없다.

권력에 복종하라. 이것이 힘에 굴복하라는 뜻이라면, 그 교훈은 좋지만 괜한 덧붙임이다. 나는 그것이 어겨지는 일은 결코 없을 것이라고 대답한다. 모든 권력은 하느님으로부터 온다. 나는 그것을 시인한다. 하지만 모든 질병 또한 하느님으로부터 온다. 그렇다면 그것은 의사를 불러서는 안 된다는 말인가? (…)

그러니 힘이 권리를 만들지는 않는다는 사실을, 그리고 정당한 권력들 외에는 복종할 의무가 없다는 것에 동의하도록 하자. 이런 식으로 항상 나의 최초의 의문으로 되돌아가게 된다.

제1권, 3장, 프랑스대학출판, '위대한 저술들' 총서, 69쪽.

힘이란 원래 불안정한 성격을 갖는다. 가장 강한 자는 그가 자기보다 더 강한 자를 만나기 전까지만 자신의 지배권을 행사한다. '힘의 관계'는 따라서 깨지기 쉬운 사실상의 상황이다. **따라서 힘은 이러한 허약성을 극복하기 위해 권리의 인위성을 필요로 한다.** 힘은 복종이 유일하게 물리적인 힘만을 동기로 가지는 것이 아니라 정당성의 원칙에 근거함을 믿게 만들어야 한다. "가장 강한 자가 지배권을 행사하는 것은 정상이다." 나는 내가 그 권력으로부터 도망칠 수 없기 때문에 복종하는 것만이 아니라, 그 상황이 법에 근거하고 있기 때문이다. '가장 강한 자의 권리'라는 표현은 이처럼 전략적인 필요성에 부응한다.

하지만 그것이 힘에 어떤 의미를 부여하기에는 불충분하다. 우리는 그 표현을 말할 수 있지만, 단지 우리가 말한 것에 대해 생각하지 않는다는 조건하에서만 그러하다. 의미의 분석은 그것의 환상을 벗겨 줄 것이다. **철학은 여기에서 개념들의 분석에 의한 해방의 시도처럼 나타난다.**

'힘'과 '권리'라는 용어 간에는 모순이 존재한다. 따라서 그 두 단어는 함께 고려될 수 없다. 힘은 필연성과 함께 그 효력을 발한다. 반대는 불가능하다. 따라서 힘에 복종하는 것은 피할 수 없고, 예상 가능한 일이며, 힘에 내재되어 있다. 그것은 불이 가열의 성질을 갖고, 보다 일반적으로 말하자면 원인이 결과를 갖는 것과도 같다.

이와 대립적으로 **권리의 관계**는 허락이나 명령——"너는 할 수 있다" "너는 해야 한다"——을 전제로 한다. 그것은 결과를 수반할 수도 있고, 아닐 수도 있다. 그것은 **동의와 의도가 있을 때에만 효과적이다.** 권리의 관계는 따라서 근본적으로 물리적인 인과 관계와 무관하다. 그것은 효율성이라는 용어로 배타적으로 판단될 수 없다. 필수적으로 결과를 창출해 내기를 원하는 자에게는 힘이 더 알맞은 것이다. '독재적인 조작들' 속에는 언제나 안심시키는 어떤 장치가 있기 마련이다. 독재적인 조작들은 돌발적인 성격을 내포하고 있는 자유로운 답변을 기다리지 않는다.

반대로 권리의 관계는 항상 자유를 전제로 한다. 더 나아가서 우연성까지도 전제한다. 그것은 결코 필연성을 상정하는 법이 없다. 예를 들어 중력에 의해 야기되는 권리는 말이 안 된다. 권리가 필요로 하는 조건은 현실이 위협받을 때 감지된다. 즉 그렇게 되어야 하는 것과 그렇게 되지 말아야 할 것에 대한 이상적인 보장과도 같다. 예를 들어 자유로운 발언의 권리는 그것이 침해받을 때만큼 필수적인 것으로 느껴질 때가 없다. 따라서 여기에 힘의 관계가 존재하고, 권리는 그와 동시에 존재할 수 없다. 어떻게 하나의 동일한 행위가 필연적인 동시에 우연적이고, 혹은 구속받는 동시에 자유로울 수 있단 말인가?

따라서 '힘'이라는 단어와 결합됨으로써 '권리'라는 단어는 그 의미를 잃는다.

불합리에 의한 추론은 이러한 결론을 확인하게 해준다.

힘이 지속되기 위하여 권리의 기교를 사용하는 상황을 상정해 보도록 하자. **사실상 권리는 본래 일정한 수명을 갖는다. 그것은 위반이 있을 때도 불구하고 계속 존속한다.** 예를 들어 절도를 금지하는 법은 절도범의 존재에 의해 이의 제기되지 않는다. 정확하게 말하자면 절도범이 존재하기 때문에 우리가 절도를 금지시켜야 하는 것이다. 여기에서 법은 '그렇게 되어야 하는 바'에 관한 진술이다. 법의 주장은 묘사적이기보다는 규범적이다. 따라서 그것은 그것과 반대되는 사실들의 실재함에 의해서 반박될 수는 없다. 그러므로 법은 누군가 그것을 어기더라도 존재하는 것이다. 법의 존재함은 사실적인 현실이 아니라 제도와 관련되어 있다. 이처럼 권리의 관계에서 처벌받지 않는 위반은 위반으로 남게 되고, 위법적이고 부당한 것으로 남는다. 힘의 관계에서는 이와 같지가 않다. 가장 강한 자의 명령은 힘 이외의 다른 '논쟁'을 갖지 않는다. 따라서 만약 결과를 창출할 수단이 없어진다면, 복종해야 할 이유도 사라진다. "처벌받지 않고도 거역할 수 있다면, 우리는 그것을 정당하게 할 수 있다." 여기에서 처벌받지 않는 위반에 대한 생각은 사실 생각할 수 없는 일이다. 만약 내가 가장 강한 자에 대하여 저항할 수 있다면, 그것은 그가 가장 강한 자가 아니라는 말이기 때문이다.

외면적인 형태에도 불구하고 힘은 그 자체만으로 권리의 관계를 결코 구축할 수 없을 것이다.

문헌 10

칸트, [14] 《순수이성비판》[15]

대상은 주체의 관심을 끌려 한다······

코페르니쿠스 혁명

철학의 첫번째 작업은 진정한 지식의 조건과 한계를 탐구하는 것이다. 그것은 비평의 임무이기도 하다.

우리의 모든 인식이 경험과 함께 시작된다는 것은 아무런 의심도 불러일으키지 않는다. 왜냐하면 인식 능력이 대상에 의해서가 아니면 무엇에 의해서 깨어나게 되고, 활동을 개시하도록 환기되겠는가? 대상은 우리의 감각을 자극하여 한편으로는 스스로 표상을 만들어 내고, 다른 한편으로는 우리의 지적 능력을 가동시켜서 그 표상들을 비교하며, 연결하고 혹은 분리하여, 그것이 감각적 인상들의 원재료로부터 우리가 경험이라고 부르는 대상의 인식이 나오도록 기능하게 한다. 따라서 **시간적으로 따지자면** 어떠한 인식도 우리 속에서 경험에 선행하지 않으며, 경험과 동시에 모든 인식이 시작되는 것이다.

그러나 비록 모든 인식이 경험과 함께 시작된다 하더라도, 그것은 모든 인식이 경험으로부터 발생한다는 것을 보여 주지는 않는다. 왜냐하면 우리의 경험적 인식은 우리가 감각적 인상을 통하여 수용한 것과, 우리 자신의 인식 능력(단순히 감각적 인상에 의해 자극받음으로

씨)이 스스로 만들어 낸 것과의 결합일 수 있기 때문이다. 다시 말하면 그것은 경험과 인식을 분리하도록 오랜 연습을 통해 주의를 기울이기 전까지는 우리가 원재료와 구별하지 못하는 결합물인 것이다.

따라서 경험과 모든 감각적 인상과도 독립적인, 그런 종류의 인식이 있는가 하는 문제는 얼른 보아서 곧 해결될 문제가 아니며, 적어도 좀더 깊이 연구할 필요가 있다. 우리는 이러한 **인식을 선험적인** 것이라 부르고, 이것을 그 근원이 **후천적인**, 즉 경험에 내재하는 **경험적** 인식과 구별한다. (…)

만일 학문 중에서 하나의 예를 들고자 한다면, 모든 수학적 명제들에서 찾아보기만 하면 될 것이다. 또한 만일 그 예를 보다 일반적인 오성의 사용에서 끌어내기를 원한다면, "모든 변화는 원인을 가진다"는 명제를 택할 수 있을 것이다. 게다가 이 경우에 원인이라는 개념 그 자체는 분명하게 결과와의 필연적인 연결 개념을 포함하며, 규칙이 갖는 엄격한 보편성의 개념도 포함하고 있다. 그래서 만일 흄[16]이 그랬듯이 원인이라는 개념을 발생하는 어떤 것과 이것에 선행하는 어떤 것과의 결합으로 끌어내려 한다면, 또한 원인이라는 개념을 표상들을 연결하는 데서 나오는 습관(다만 결과적으로 주관적인 필연성에 불과한)에서 끌어내려 한다면 이 원인이라는 개념은 완전히 소실되고 말 것이다. 더불어 우리는 순수한 **선험적** 원칙들이 우리의 인식 속에 존재한다는 현실을 증명하기 위하여 유사한 예들을 들 필요도 없고, 그 원칙들은 경험이 가능한 것이 되기 위해서 없어서는 안 될 것임을 보여 줄 수 있으며, 따라서 필연성은 **선험적**이라는 것을 밝힐 수 있을 것이다. 만약 경험이 진행될 때 따르는 모든 규칙들이 언제나 경험적일 뿐이고, 따라서 우연성을 갖는다면 도대체 경험은 어디로부터 스스로의 확실성을 끌어낼 수 있단 말인가?

《순수이성비판》 제2판 서문.

우리의 인식 능력을 이해하기 위해서는, 우리의 인식이 어디로부터 오는 것인가를 알아야 한다.

그 질문에 대한 가장 즉각적인 대답은 우리의 인식이 경험으로부터 온다고 주장하는 것이다. 그러한 주장은 사실 사유하는 것(문헌 1을 보시오)으로 이행할 수 있게 해주는 예들이다. 정신은 그 대상을 만들어 낼 수 없고, 혹은 정신이 대상을 만들어 낸다 하더라도, 그것은 감각적인 정보의 도움 없이 상상에 의거한 것이다. 따라서 그 경우는 인식이 아니라, 과학자나 철학자가 아닌 예술가의 호기심을 끄는 허구적인 생산물일 뿐이다.

그렇다고 해서 성급한 결론을 끌어내서는 안 된다. "모든 인식이 경험과 함께 시작된다 하더라도, 그것은 모든 인식이 경험으로부터 나온다는 것을 증명하지는 않는다." 사실 감각적인 인상들은 아무런 연결 없이, 순서도 없이 제공된다. 그러므로 **인식한다는 것은 단순히 확인하는 것이 아니라**, 하나의 현상을 하나의 설명적인 원칙에 의거하여 연결하는 것이다. 그것은 즉각적인 경험을 넘어서는 것을 전제로 한다. 그렇지만 그것이 가능한 것일까? 스코틀랜드인 철학자 흄은 《인간 이해력 탐구》에서 우리가 긍정으로 대답하고 싶을 때 만나게 되는 문제점들을 보여 주었다. 예를 들어 인과 관계에 대한 사고는 어떠한 정당성도 갖지 않는다. 각각의 현상은 각각의 특정한 시간과 공간 속에 위치해 있다. 그러므로 어떠한 것도 우리에게 보편적인 원칙을 끌어내도록 허락할 수 없다. **경험이 제공하는 특정한 사실들과, 인식이 요구하는 보편적이고 필수적인 규칙들 사이에는 우리가 결코 채울 수 없는 단절이 있다.**

따라서 인과 관계에 대한 사고는 유사한 현상들이 서로 연계되어 있는 것을 보고자 하는, 우리가 가진 습관에 의해서 생겨나는 환상일 것이다. 흄의 회의주의를 극복하고, 물리적인 법칙들을 이해하기 위한 유일한 해결책은 인식이 정신 그 자체로부터 오는 규칙들과 감각적인 인상들의 결합으로부터 생겨난다고 여기는 것이다.

이것은 선험적인 인식의 있음, 즉 경험에서 아무것도 차용하지 않는 **선험적** 인식을 전제로 한다. 수학의 예가 이러한 가정을 확인해 준다. 사실 수학적인 대상들은 경험으로부터 나오지 않는다. 우리의 즉각적인 경험과 상응하는 것처럼 보이는 유클리드 기하학조차 오직 정신의 인식에 의한 것이다. 직선은 면도, 두께도 없이 무한하다. 이처럼 직선이란 순전히 정신의 대상일 뿐이다. 수학자들은 이것을 잘 이해하였고, 그들은 어떤 도식에 논증의 가치를 부여하기를 거부한다.

구체적이고, 우연적이며, 특별한 경험을 초월하는, 근본적으로 추상적이고, 필연적이며, 보편적인 인식을 갖는 것은 가능한 일이다. 왜냐하면 정신은 선험적인 인식으로 나아갈 수 있기 때문이다.

경험 그 자체는 선험적인 원칙의 존재를 확인할 수 있다. **경험이라는 개념은 모호하다. 왜냐하면 그것은 감각적인 정보와 대상에 대한 인식을 동시에 의미하기 때문이다.** 이 두 가지 차원은 서로 타협적이지 않다. 만약 경험이 감각적인 정보라면, 그것은 감각들의 집합이 될 뿐이다. 따라서 경험은 현상을 초월하여 그것들을 인식할 수 있는 것으로 만드는 원칙에 종속된다. 만약 현상들이 그들끼리 **선험적**으로 연결되어 있지 않다면, 우리는 그것들을 결코 인지하지 못할 것이다.

문헌 11

칸트, 《판단력비판》[17)]

아름다움은 유쾌한 것일 수 없다

"아름다움은 개념을 떠나서 보편적으로 기쁨을 주는 것이다"

인식은 대상을 설명적인 원칙에 연결시키는 판단을 전제로 한다(문헌 10을 보시오). 그러면 "이것은 아름답다"라는 판단의 성격을 어떻게 이해해야 되는가?

아름다움의 정의

취향이란 **아무런 사심 없이** 만족에 의해 어떤 대상이나 재현을 판단하는 능력이다. 그러한 만족의 대상을 **아름다움**이라 부른다.

아름다움이란, 개념을 떠나서,

보편적인 만족의 대상으로서 재현된 것을 말한다.

이러한 아름다움에 대한 정의는 아무런 사심 없는 만족의 대상이라는 앞선 정의로부터 끌어올 수도 있다. 실상 어떤 것에서 사심 없는 만족을 찾으려는 자는, 동일한 사물이 개개인에게 유사한 만족의 원천이 되어야 한다고 판단하지 않을 수 없다. 그러한 만족은 개인의 경향에(숙고된 다른 어떤 이해에도) 결코 따르지 않고, 또한 판단하는 자는 그가 대상에 갖는 만족에 비해서 완전히 **자유롭**다는 것을 느끼기 때문에, 그는 이러한 특별한 조건 속에서 그에게 만족감을 느끼게 하는 진정한 이유를 찾지 못할 것이고, 그는 그 만족감을 마치 전혀 다른 대상 속에서도 상정할 수 있는 어떤 것에 근거하고 있는 것처럼 바라보게 될 것이다. 따라서 그는 각각의 것으로부터 유사한 만족을 요구할 만한 이유를 갖고 있다고 믿을 것이다.

그러므로 그는 아름다움에 대해서 마치 그것이 대상 그 자체가 가지고 있는 자질인 것처럼, 또한 자신의 판단이 논리적인 것처럼(즉 자신의 판단이 개념에 의해서 대상에 대한 인식을 구성하는 것처럼) 말할 것이다. 비록 그 판단이 순전히 미학적일 뿐이고, 대상의 재현과 주체의 관계를 함축하고 있을 뿐이라도 말이다. 사실 그러한 판단은 우리가 그것에 보편적인 가치를 상정할 수 있을 때에만 논리적인 판단과 유사하다.

하지만 이러한 보편성은 그 원천을 개념들 속에 두지 않는다. 왜냐하면 개념에서 기쁨이나 고통의 감정으로의 이행은 없기 때문이다. (…) 우리가 전적으로 사심 없어지기를 애쓰는 취향의 판단은 따라서 당연히 보편적 가치를 요구할 수 있다. 그 보편성이 대상 자체 속에서 근거를 갖지 않을지라도 말이다. 달리 말하자면 취향의 판단은 주관적인 보편성을 요구할 권리가 있다.

아름다움의 특성을 이해하려면, 그것을 유쾌함과 대조해 보아야 한다.

유쾌함은 대상을 점유하거나 소비하는 것을 전제로 한다. 즉 그것을 만지며, 먹고, 쓰다듬을 수 있어야 한다. 따라서 유쾌함은 보다 자발적으로 감각에 연결되어 있는데, 감각이란 접촉이나 근접성, 촉각·미각·후각을 전제로 하고, 반대로 아름다움은 다른 두 감각, 즉 대상을 거리를 두고 바라볼 수 있게 하는 시각과 청각에 연결되어 있다. 예를 들어 딸기 음료수 한 잔은 보기에 아름답고,

마시기에 유쾌하다. 이러한 맥락에서, 유쾌의 감정은 한 대상과 내 자신의 구성물, 내 이야기, 내 관점 사이의 일치에 의해 생겨난다. 따라서 그것은 매우 상대적이고, 소통 불가능한 것이다. 나는 내가 유쾌하게 느끼는 것에 대해 다른 사람이 그렇지 않을 수 있다는 것을 잘 알고 있다.

일상적인 언어는 이러한 차이를 유창하게 설명한다. 우리는 "그것은 내게 있어 유쾌하다"라고 말하는 반면, 아름다움에 관한 경우엔 그러한 반성적인 구문을 사용할 수 없다. 그러한 판단——칸트가 취향의 판단이라 부른 그것은 문헌 첫 부분에 제시된 정의와도 일치한다——은 따라서 주관적이지 않은 판단으로, 마치 본질적으로 소통 가능한 것처럼 소개된다. 만약 실제적으로 대상이 어떤 경우에 내게 기쁨을 준다면, 소비나 나만의 고유한 관심에 의해 결정된 즐거움 때문에 그것이 내게 기쁨을 주는 것은 아니다. 그것은 그 자체로, 그 자체에 의해서 나를 기쁘게 하는 것이지, 나와 그 대상이 갖는 특정한 관계에 의해서가 아니다. 그것은 심사숙고하는 태도를 불러일으키지만 동시에 소비의 대상이 될 수는 없다. 한마디로 말하자면 나의 만족은 사심 없는 상태이다. 즉 그 작품에서 나와 관계되는 어떠한 것도 추구하지 않는다는 말이다. 그러므로 비록 내가, 나의 만족이 다른 사람들과 나를 구별해 주는 어떤 것에 기인하는 것이 아님을 알고 있다 하더라도, 나는 다른 사람들이 그 대상에 대해서 나와 같은 만족감을 느낄 것이라고 생각한다.

그러므로 취향의 판단은 논리적인 판단이나 인식적인 판단과의 유사성을 보여 준다. "우리는 마치 그것이 대상 자체의 자질인 것처럼 아름다움에 대해 말한다." "이것은 아름답다"라는 언술은 "이것은 덕스럽다"(문헌 1을 보시오)라는 식의 언술들과 비교할 만한 것으로 보인다. 따라서 이제부터 아름다움을 우리가 덕성을 정의하듯이(문헌 4를 보시오) 정의하려는 것이 정당한 것처럼 느껴진다. 하지만 착각해서는 안 된다. 판단이 갖는 소통 가능성은 모든 이들에게 동일하고 정의내릴 수 있는 보편적인 생각에 근거한 것으로부터 나오는 것이 아니라, 사심 없는 만족에 의한 우연적인 것으로부터 나온다.

사실 아름다움에 대한 일반적인 생각은 없고, 가질 수도 없다. 그것은 두 가지 주요한 이유를 갖는다.

첫째, 판단은 추상적이고 일반적인 생각을 목표로 하지 않으며, 대신 특정한 대상을 목표로 삼는다. 내가 "이것은 아름답다"라고 할 때, 나는 그 대상을 설명적인 원칙에 의해 이야기하기 위해, 또한 그것으로 일반적인 사고의 단순한 예를 만들기 위해 그것에 대해 말하기를 원하지는 않는다. 그 판단의 목표가 되는 것은 추상적인 사고가 아니라, 특정한 성격을 지닌 대상 그 자체이다. 만약 내가 그 대상에 대해 **마치** 그것을 보편적인 생각에 연결시키기를 원하는 것처럼 말한다면, 그것은 단순히 그 대상이 내게 가져다 주는 만족이 특별하게 내 안에서부터 오는 것이 아님을 표현하기 위해서이다. 결과적으로, 취향에 대한 판단의 표명은 외형적으로만 객관적이다. 만약 우리가 "이것은 아름답다"라고 말한다면, 그것은 미와 유쾌를 혼동하는 것에 **빠지지** 않도록 하기 위해서일 뿐이다. 그 판단을 글자 그대로 받아들이는 것은, 주지주의적인 전제의 피해자가 되는 것이다. 즉 특정한 작품보다 미에 대한 추상적인 생각에 더 많은 중요성을 부여하는 격이다.

둘째, 하나의 생각은 만족에 연결될 수 없다. "개념으로부터 기쁨이나 고통의 감정으로의 이행은 없다." 취향의 판단이 표현하는 것은 하나의 만족으로 축소될 수 없다. 그것은 하나의 생각에 근거하여 설명될 수 있는 의미와는 다르다. 그 판단은 지적이지 않은 대상의 특성을 보여 준다. 만약 미가 하나의 개념이라면, 그것은 우리를 사심 없는 상태로 만들 것이다. 만약 취향에 대한 판단이 논리적인 판단의 형태를 취한다면, 그것은 단지 표현 수단의 부족에서 온 것일 뿐이다. 취향의 판단은 특정한 성질의 감정, 즉 주관적이고(내가 그것을 느낀다) 동시에 보편적인(그러한 판단은 전적으로 내 것만은 아니며, 다른 사람들도 그렇게 느낀다고 생각한다) 감정을 표현하기 위해 애쓴다.

문헌 12

칸트,《도덕형이상학 기초》[18]

계율 없는 도덕

정언적(定言的) 명령

철학자는 실천의 문제에도 역시 관심을 가져야 한다. "내가 무엇을 해야 하나"라는 질문에 어떻게 대답해야 하나?

    모든 명령들은 **가언적(假言的)**으로 혹은 **정언적**으로 지시된다. **가언적** 명령들은 우리가 획득하기 원하는(혹은 적어도 우리가 욕망할 가능성이 있는) 다른 어떤 것을 위한 수단으로서, 가능한 행동의 실천적인 필요성을 표상한다. 정언적 명령은 그 자체로, 또한 다른 모든 목적과는 독립적으로, 객관적으로 필요한 어떤 행동을 표상하는 것이 될 것이다. (…)

    우리에게 즉각적으로 어떠한 행동을 지시하는 명령이 있다. 그것은 그 자체가 다른 목적을 조건으로 갖지 않으며, 목적과 관련하여 그 행동은 하나의 수단이 될 뿐이다. 그러한 명령은 **정언적**이다. 그것은 행동의 원재료와 그로부터 야기되어야 하는 것과는 상관이 없으나, 그 재료 자체가 기인하는 형태와 원칙에 상관이 있다. 또한 그 원재료가 지니는 본질적으로 선한 특성은 결과가 어떻든지간에 의도 속에 존재한다. 이러한 명령은 **도덕성**의 명령이라고 불려질 수 있다. (…)

내가 일반적인 **가언적** 명령을 생각할 때, 나는 조건이 내게 주어지기 전까지 그 명령이 무엇을 포함할 것인지 미리 알지 못한다. 하지만 만약 내가 생각하는 것이 **정언적** 명령이라면, 나는 그것이 무엇을 포함할 것인지를 대번에 안다. 왜냐하면 규칙에 따라야 하는 명령은 규칙의 범위 밖에서는 필연성 외에는 갖고 있지 않기 때문이고, 규칙은 그것이 구속되어 있는 어떠한 조건도 포함하지 않기 때문이다. 단지 일반적인 규칙의 보편성만이 남아 있을 뿐이고, 그 보편에 행동의 방침을 일치시켜야 한다. 또한 명령이 우리에게 순전히 필연적인 것으로 표상하는 것은 바로 그러한 일치이다.

따라서 정언적인 명령만이 있을 뿐인데, 그것은 다음과 같다. **오직 네가 무언가를 원할 수 있게 하는 동시에, 보편적인 규칙이 되는 행동 방침에 따라서만 행동하라.** (…)

사실대로 말하자면 실존이 우리의 의지에 의해서가 아니라 자연에 의해 좌우되는 존재들은, 이성을 박탈당한 존재들일 경우에 오직 상대적인 가치만을 가질 뿐인데, 그것은 바로 **수단**이라는 가치이다. 이것이 바로 우리가 그 존재들을 **사물**이라 부르는 이유이다. 반대로 이성적인 존재들은 **사람**이라 불리고, 이것은 그 존재들의 본질이 사람이라는 것을 이미 자신 속의 목표로 지정하였기 때문이다. 즉 마치 단순히 수단으로 사용될 수 없는 어떤 것으로, 더 나아가 우리에게 선하게 여겨지는(존경의 대상이기도 한) 것처럼 행동할 수 있는 모든 능력을 제한하는 어떤 것으로 지정하였기 때문이다.

여기에서 주관적인 목적이 있는 것은 아니다. 주관적인 목적의 존재함은 우리 행동의 결과로서, **우리에게 있어서** 하나의 가치를 갖는다. 그것은 **객관적인 목표**이며, 실존이 그 자체의 목적인 사물들이다. 그리고 그러한 목적이 다른 어떤 것과 대체될 수 없다 하더라도 그 목적에 따라 객관적인 목표들은 **단순히** 수단으로서 존재해야 한다. 그렇지 않으면, 사실 우리는 **절대적인 가치**를 지닌 어떠한 것도 찾아낼 수 없을 것이다. 하지만 모든 가치가 조건적이고, 따라서 우연성을 띤다면, 그러한 이유로 실천적인 최고의 원칙을 찾아내는 것은 완전히 불가능한 일이 될 것이다. (…) 실천적인 명령은 따라서 다음과 같은 것이 될 것이다. **행동하라, 그 결과 너는 네 자신 속에서와 마찬가지로 다른 사람의 내부에서도 똑같이 언제나 인류를 결코 단순한 수단으로서가 아니라, 하나의 목적으로서 다루게 될 것이다.**

의무의 문제는 전적으로 도덕적이지는 않다. 실상 행동이 수행 법칙을 필요로 한다는 맥락에서, 우리가 해야 할 것이 무엇인지를 잘 알고 있어야 한다. 초보자는 자신이 어떻게 대상을 조작해야 하는지를 묻는 반면, 영리한 전략가는 자신이 어떻게 장애를 우회해야 하는지를 궁금해한다. 이러한 경우에 권리는 기술적인 형태의 필요 조건으로 귀결된다. 어떠한 행동은 원하는 결과를 얻기 위해서 수행된다. 어떠한 명령은 **목적에 대한 욕망으로 조건화된다.** 그것은 "만약 네가 이것을 원한다면, 너는 그것을 해야 한다"라는 형태로 표현된다. 우리는 그것을 '가언적 명령'이라 부를 수 있다. 이 경우에는 도덕의 개념과 아무 공통점도 없다. 상황 조건들에 의해 명령된 순수하게 이해에 관련된 것으로서, 그것은 도덕성의 절대를 상기시키는 것은 아무것도 갖고 있지 않다. **만약 도덕에 관한 사유가 실상 어떤 특징을 갖는다면, 그것은 정확히 말해서 도덕에 대한 사유가 이해나 전략과 구별되기 때문이다.** 도덕적인 인간은 자신의 이해 관계를 떠나서 그의 의무를 완수한다. 그의 진정한 얼굴은 영웅주의이다. 예를 들어 안티고네[19]는 그녀의 오빠를 매장해 줘야 하는 도덕적인 의무에 충실한 나머지 죽음에까지 이르게 된다. 도덕적 의무의 완수 안에서 자유와 함께, 욕구·욕망·이해의 요청을 부정하는 능력이 나오는 것이다. 그렇지만 이는 도덕적 의무가 절대적인 방식으로 명령될 때에만 가능하다. 도덕성이 말하는 "너는 해야 한다"는 수단을 중요시하지 않고, 대신 우리가 자신을 위해, 자신 속에서 원해야 하는 태도를 중시한다. 그것의 가치는 그것이 도달하도록 허락하는 목표에 의해 주어지는 것이 아니라, 그 자체 속에 있는 것이다. 그것은 따라서 '자신 속의 목표'라고 이름 붙여질 수 있다. 결과적으로 **기술적인 의무와 도덕적인 의무는 의미의 유사성에도 불구하고 두 개의 대조적인 논리에 복종한다.** 전자의 경우, 결과가 의무를 정당화한다.──초보자는 그의 작업이 성공한다면, 결과적으로 좋은 충고를 받은 것이 된다──후자의 경우, 성공은 중요치 않다. 중요한 것은 오직 사심 없이, 단순히 의무로써 행동하는 순수한 의도이다. 따라서 도덕적인 의무들의 목록을 작성할 필요는 없다. 우리가 이해가 아닌 도덕성의 차원에 있는지를 알기 위해서는 자신의 의지를 시험해 보는 것으로 충분하다. 만약 내가 무언가를 이해에 의해 원한다면, 그것은 도덕이 아니다……. 그것은 매우 간단하게 드러난다. 내가 나 자신의 이해를 추구하는 한, 나는 내가 원하는 것을 다른 사람들 모두가 동시에 원하기를 바랄 수 없다. **도덕성은 따라서 그 단순성으로 인해 당황스러운 것이 된다.** 오직 하나의 규칙, 즉 의도를 시험하는 것으로 충분하다. "오직 ……에 따라서만 행동하라."

이 규칙은 따라서 매우 명료하다. 만약 우리가 어떤 도덕적 의무의 내용을 판단해야만 한다면, 선천적으로 단순한 이해나 단순한 수단의 이름으로 결코 욕망되지 않는 존재, 그리고 목표의 개념을 자신 속에 일치시킬 수 있는 존재를 찾아야 할 것이다. 그러한 존재를 우리는 알고 있다. 즉 이성을 타고난 존재이다. 사실 이성은 판단하기 위한 원칙들의 능력이며, 그것을 통해 우리는 목표를 선포한다. 따라서 주요한 도덕적 조건은 바로 타인에 대한 존경이다.

문헌 13

칸트, 《세계주의적 관점에서 본 보편적 역사에 관한 사유》[20]

악덕이 미덕을 만든다……

인간의 사교성 없는 사회성

실천은 개인적인 행동으로 제한되지 않는다. 집단적인 행동 또한 이해해야만 한다……. 그러나 인간의 행태는 쉽사리 일반적인 규칙들로 귀결되지 않는다.

자신의 소망을 실현시키기 위해 애쓰는 인간에 대해 생각해 보자. 인간은 동물처럼 본능에 의해서만 살지는 않는다. 그렇다고 해서 인간은 세상의 큰 개요 속에서 결정된 계획에 따라 살아가는 합리적인 시민들처럼 행동하지도 않는다. 또한 (예를 들어 꿀벌이나 비버와 같이) 정해진 이야기는 인간들에게 해당되지 않는 것처럼 보인다. (…) 왜냐하면 (철학자에게 있어서) 인간 전체와 그들의 행동 유희에 관한 가장 최소한의 합리적인 개인적 도식을 전제한다는 것은 불가능하기 때문이다. 그러므로 철학자는 만약 이 부조리한 과정 속에서 인간적인 어떤 것을 찾아낼 수 없다면, 적어도 **자연의 도식**을 찾으려 해야 할 것이다. (…)

(인간의) 모든 성향을 성공적으로 발견하기 위해서 자연이 사용하

는 수단은, 인간이 가진 사회 내부의 적대 관계이다. 그러나 어쨌든 그러한 적대 관계는 결국 그 사회의 규칙적인 질서의 원인이 된다.

—— 나는 여기에서 적대 관계로 인간의 **사교성 없는 사회성**을 말하고자 한다. 그것은 사회로 들어가려 하는 인간의 성향이, 끊임없이 그 사회를 붕괴시키려고 위협하는 동시에 사회로 들어가는 것에 대한 일반적인 반감을 가짐으로써 이중성을 띠고 있음을 의미한다. 인간은 **서로 어울리려는** 경향을 가지고 있다. 왜냐하면 인간은 그러한 상태 속에서 인간의 자연적인 성향들의 발전에 힘입어 스스로를 인간 이상으로 느끼기 때문이다. 하지만 인간은 동시에 스스로를 소**외시키려는**(격리되려는) 지대한 경향 또한 가지고 있다. 왜냐하면 인간은 자신의 내부에서 모든 것을 자신이 바라는 방향대로 이끌어 가기를 원하는 사교성 없는 성격을 동시에 발견하기 때문이다. 그로부터 인간은 사방으로부터 저항을 만날 것을 예상하고, 그 자신 또한 다른 사람들에게 저항하는 쪽으로 나아감을 느낀다. 이러한 저항이 바로 인간의 모든 힘들을 일깨우는 것이고, 인간으로 하여금 그의 나태해지려는 경향을 극복하게 해주고, 야심과 지배 본능 혹은 물욕의 충동 아래 그에게 없어서는 안 되는, 또한 그가 별로 좋아하지 않는 그의 동료들 사이에서 한자리를 차지하려고 애쓰는 것을 극복하게 해준다. 인간은 이렇게 그를 탐욕으로부터 문화로 이끌어 준 초기의 발자취들을 따라왔다. 그 문화의 진정한 기초는 바로 인간의 사회적 가치이다. 이런 식으로 모든 능력은 조금씩 발전되고, 취향이 형성되며, 마찬가지로 이러한 명료함을 향한 진보는 계속되면서, 하나의 사유의 형태로 기초를 다지기 시작한다. 그 사유는, 시간이 흐름에 따라 탐욕스러운 자연적 성향을 정해진 실천적인 원칙상의 도덕적인 식견으로 변화시킬 수 있다. (…)

그러므로 이러한 별로 타협적이지 못한 성격과, 욕망에 있어서 경쟁적인 허영심, 그리고 사그러들지 않는 소유욕과 지배욕을 가진 것에 대해 자연에 감사드리자. 만약 그러한 것들이 없다면, 인류의 모든 훌륭한 자연적인 성향들은 영원한 잠 속에 갇혀 질식하였을 것이다. 인간은 조화를 원하지만, 자연은 인간보다 그의 종에 좋은 것이 무엇인지를 더 잘 알고 있다. 즉 자연은 불화를 원한다.

인간은 짐승도, 천사도 아니다. 인간은 순전히 본능에 의해서만 행동하지도 않고, 오직 명료한 합리적 원칙에 의해서만 행동하는 것도 아니다. 따라서 역사가의 임무는 거의 불가능해 보인다. 그렇다면 어떻게 이해와 정열과 본능과 계산과, 또한 가끔은 이상이 만들어 내는 유희를 이해해야 할 것인가? 역사를 생각하기 위해서 연속적이고 가지적(可知的)인 생성이 필요하다 하더라도, 그것은 우리가 도달하게 될 개인적인 행동들의 총합을 고려하는 것은 아닐 것이다. 거기에는 '부조리한 과정'만이 있을 뿐이므로! **인간사의 무질서 속에서 어떤 질서를 포착하려는 유일한 희망은 개인적인 행동들이 간접적으로, 그리고 비자발적으로 그것을 초월하는 집단적인 목표를 가지고 있다고 상정하는 것이다.** 따라서 '마치' 숨겨진 섭리처럼 받아들여진 '자연'이 개인 각자의 이기주의적인 모든 행동들을 선에 일치시키는 책임을 지도록 만들어야 한다.

이러한 분석은 적절한 것으로 드러난다. 실상 사회 속의 인간은 모순적인 태도를 가지고 있다. 인간은 그가 다른 사람들과 함께 사는 것이 이롭다는 것을 알고 있다. 사회 생활이 그의 힘을 증대시키기 때문이다("그는 자신이 인간 이상임을 느낀다"). 반면 그는 지배 본능에 의해 자극받는다. 다른 사람들을 자기 마음대로 판단하면서 그들의 적대적인 반응을 기다리기도 하는데, 그것은 그 자신이 다른 사람들의 지배에 대하여 적대적인 것과 마찬가지이다. 따라서 각자는 타인에게서 필요한 도움과 함께 위험스러운 경쟁자를 발견한다. 자연스러운 움직임은 타인의 우세를 두려워하는 것이고, 그에 맞서 자신을 방어하기 위해 애쓰는 것이다. 그러므로 인간을 자신의 잠재력을 발전시키도록 이끄는 것은 바로 타인으로부터 자신을 보호하기 위해 그가 수행하는 노력들인 것이다. 따라서 그는 자신의 나태와 무기력에 대항하여 투쟁하고, 자신의 재치 있는 능력들을 개발한다. 도덕적으로는 비난받을 만하고, 무질서의 요인으로 간주되는 정열·야망·지배욕은 발전을 위한 대체될 수 없는 원동력으로 판명된다.

실상 동일한 추진력에 의해 자극받은 개인 각자의 능력은 모두 다 증대되고, 인간 전체는 자연에서 문화로 이행하게 된다.

한마디로 말해서 인간은 나태함에서 노동으로, 자동성에서 성찰로, 격리에서 사회적인 관계 속으로 나아가게 되는 것이다. 이러한 진보는 인간을 도덕성으로까지 이끌 수 있다. 자신의 성향들을 극복하는 법, 특히 나태함 극복하기를 배운 후에, 인간은 욕구와 이해의 필요를 넘어서 자신을 고양하는 능력을 경험하였다. 타인의 행동을 이해하도록 이끌려진 인간은 자기 자신의 이해를 초월하는 엄격한 원칙에 맞게 자신의 행동 방침을 규정할 수 있게 될 것이다.

따라서 발전에 대한 사고는 생각할 만한 것이 된다. 어느 누구도 역사의 어느 한 시점에서 역사가 진보하도록 명시적으로 자신을 제시하는 사람은 없다. 그러나 각자의 행동은 집단적인 도식에 간접적인 결과들을 가져온다. **각각의 인간은 본의 아니게 모든 이들의 역사의 저자인 것이다.**

모순적이게도 역사는 우리가, 결과가 그 원인을 닮는다는 것을 전제하는 합리적인 설명 원칙들을 포기할 때에만 이해하기 쉬운 것이 된다. 이로부터 정열이 도덕성을 만들어 내고, 무질서가 질서를 만들며, 부조화가 조화를 만들고, 또한 인간을 도덕적인 논증으로 이끈다는 것을 이해할 수 있다.

문헌 14

토크빌,[21] 《미국의 민주주의》[22]

민주주의적 억압?

'예견적이고 온건한 절대 권력'

19세기 중반 아메리카 대륙에서 새로운 사회 창조는 서양의 정치적 교체에 있어서 특별한 관찰 대상이 된다. 평등과 자유라는 프랑스 대혁명의 두 사상적 근거가 거기에서는 다소 갈등적인 관계로 나타나는데, 즉 평등의 일부 형태가 정치적인 자유를 해치는 것이 바로 그것이다.

> 민주 국가의 국민들에게 위협적인 형태의 억압은 지난 시대에 존재했던 억압과는 전혀 비슷한 점이 없을 것이라고 나는 생각한다. 우리 동시대인들은 기억 속에서 그와 같은 이미지를 찾아볼 수 없을 것이다. 내가 구상하고 의미하고자 하는 개념을 정확하게 표현할 만한 단어를 나 스스로도 좀처럼 찾아내기가 쉽지 않다. 옛날 말인 전제 정치나 폭정이라는 말은 전혀 적당하지 않다. 내가 말하려는 개념은 새로운 것이고, 나로서는 그것을 어떤 정해진 단어로 명명할 수 없기에, 따라서 그것을 정의하기 위해 노력해야 할 것이다.
>
> 나는 전제 정치가 이 세상에 나타날 수 있게 된 새로운 특징들을 그려 보고자 한다. 나는 서로 비슷하고 평등한 수많은 사람들의 집단이 그들의 영혼을 가득 채우고 있는 사소하고 저급한 쾌락을 얻기

위해 끊임없이 노력하고 있는 것을 본다. 그들 각자는 서로 떨어져 있기 때문에 다른 사람의 운명과는 무관하다. 그의 자녀와 그의 특별한 친구들만이 그에게 있어서 전체 인류를 구성한다. 다른 동료 시민들은 그의 바로 가까이에 있지만, 그는 그들을 바라보지 않는다. 접촉하면서도 전혀 느끼지는 않는다. 그는 자기 자신 속에만 존재할 뿐이며, 오직 자기를 위해서만 존재한다. 그리고 설사 그에게 가족이 존재한다 하더라도 국가는 그에게 아무런 의미를 지니지 못한다고 말할 수 있다.

이들 위에 보호자 격의 거대한 권력이 군림하게 되는데, 이 권력은 독점적으로 그들의 즐거움을 보장해 주고 또 이들의 운명을 감시하는 책임을 진다. 그것은 절대적이고, 상세하며, 규칙적이고, 예견적이며, 온건하다. 만약 그 목적이 인간으로 하여금 성인이 될 준비를 하도록 하는 데 있다면, 그것은 부모의 권위와 마찬가지일 것이다. 그러나 이와는 반대로 권력은 오히려 인간을 최종적으로 어린아이의 상태에 묶어두려고만 한다. 만약 국민이 즐겁게 사는 것만을 생각한다면, 권력은 국민이 즐기면서 사는 것을 좋아할 것이다. 권력은 국민의 행복을 위해 기꺼이 일하지만, 이 행복의 유일한 대리인이요 중재자가 되려고 한다. 정부는 국민의 안전을 보장해 주고, 그들의 생필품을 미리 알아서 챙기고 공급해 주며, 쾌락을 위한 시설을 마련하고, 중요 관심사를 처리해 주며, 산업을 지휘하고, 재산의 상속을 해결해 주며, 유산을 분배해 준다. 그렇다면 권력은 어째서 국민의 걱정 근심과 생활고를 완전히 없애 줄 수 없는 것일까?

제2권, 제4장, 29절, G.‑F 플라마리옹판.

초기 미국 정치계의 지배적인 경향에 대한 관찰은 하나의 모순으로 귀착된다. 즉 민주주의가 그 자체로서 억압의 반대말이 아니라는 것이다. 민주주의 사회가 그것이 존재하는 한 모든 자유 침해의 위험으로부터 벗어나 있다고 믿으면서도, 그것에 절대적인 신뢰를 부여하는 것은 다소간 순진성을 가진 것이라 할 것이다. 그러한 낙관론은, **억압은 필연적으로 압제자를 전제로 하고, 저항의 부재는 언제나 명석하고 책임감 있는 합의임을 믿는 이러한 환상에 근거하고 있다.**

조심성은 보다 엄격한 분석을 필요로 한다. 전제주의와 폭정의 고전적인 전형들은 자유 침해에 관한 모든 유형의 이해가 고갈되는 것을 허락하지 않는다.

현대인이 위협받는 것은 더 이상 평등의 과도함에 의해서가 아니다. 노예인 백성들에 대한 전제 군주의 지배는 이미 극복되었다. 지금은 평등의 시대이다. 기독교에 의해 선언된 타고난 평등——모든 인간은 신의 형상대로 창조되었다——은 계몽주의 시대의 평등권——모든 국민은 동일한 권리와 동일한 의무를 가진다——으로 대체되었다. 그 이후로 역사는 제3의 평등의 형상으로 나아가고 있는 것처럼 보인다. 즉 그것은 사실상의 평등이다. '**서로 유사하고 평등한**' 인간들은 더 이상 그들의 능력이나 재원에 의해 구별되지 않는다. 따라서 그들은 **서로를 기다리는 것** 외에는 할 일이 없다. 평등은 이처럼 모순적이게도 사회적 연결의 붕괴를 조장한다. 왜냐하면 평등은 상호 보완성을 사라지게 하고, 각자 자신에게로 돌아가게 만들기 때문이다. 개인들은 더 이상 집단적인 구도에 참여할 마음을 갖고 있지 않다. 그들은 더 이상 '조국'도 갖지 않는다. 그들은 더 이상 자신을 국민으로 여기지 않으며, 하나의 공통된 역사에 의해 연결되어 있지도 않다. 소비가 그들에게 있어서 정치적인 이상을 대신한다. 그들의 유일한 관심은 갈등 없이 자신의 행복을 증대시키는 것이다. 그것을 위해서 각자는 모든 이들이 자신과 똑같은 행복을 누리는 것에 관심을 갖는다. 그러나 어느 누구도 공동의 목적을 위해 자신을 희생하려고 들지 않는다.

따라서 암묵적인 동의에 의하여, 모든 사람들은 **개인을 위한 서비스**에 종사하는 조직적인 권력에게 그들의 정치적인 자유를 양도한다. 그런 식으로 만들어진 권력은 강제력을 사용하지 않고도 집단적인 행동을 만들어 내는 능력을 가지고 있다. 그 권력은 저항을 겪지 않고도 시민들의 행동에 책임을 지는 특권을 갖고 있으며, 그것은 시민 각자가 독립성 속에서 만족을 느끼기 때문이다. 권력은 연설도 사용하지 않는다. 그 권력은 더 이상 설득할 필요가 없다. 왜냐하면 어느 누구도 사상적인 논쟁으로 시간을 낭비하지 않기 때문이다. 권력은 그것이 즐거움의 평등을 보장하기 위해 사회 생활을 관리해야 하기 때문에 모든 이들을 위해 획득된 것이다. 이 보호적인 권력은 '비−정치적'이다. 모든 의혹을 넘어서, 권력은 우리가 토론할 수 있는 집단적인 목표를 위해 통치하지 않는다. 그것은 단지 필요를 효과적으로 충족시키는 데에 만족한다. 따라서 권력은 공격 불가능한 것이다. 권력의 목표는 모든 이들에 의해 각자 분리되어 있다.——누가 감히 자신의 즐거움을 용이하게 해주는 것을 원하지 않겠는가?——권력은 어떠한 이데올로기에도 관여하지 않는다.

하지만 이러한 중립성과 이러한 '온건성'은 매우 현실적인 폭력의 한 형태를 띤 수단이다. 눈에 띄지 않게, 이 권력은 개인의 자율권과 가능한 한 최소 한도로 대립한다. 권력이 정립하는 독립성은 중개적인 성격을 띠지 않는다. 권력이 정립하는 독립성은 그 자체가 스스로의 고유한 목적이다. 그것은 미래에 올 어떠한 자유로도 향해 있지 않다. 정반대로 그것은 대립의 수단까지도 없애 버린다. **권력은 폐쇄적인 세계를 형성하고 있는 개인들에게는 그 자체로 인**

정되지 않는다. 그것은 파악되지 않았고, 정당화될 수도 없고, 이의 제기될 수도 없다.

따라서 개인주의를 원천으로 갖는 정치의 죽음과 이데올로기의 죽음이 자유에 대항하는 진짜 위협일 것이다.

문헌 15

니체,[23] 《차라투스트라는 이렇게 말했다》[24]

"나는 그대들에게 초인간을 가르친다"

세 가지 변모

차라투스트라는 인간들에게로 내려오기 위해 산에서의 고립 생활을 청산한다.

예언자나 구세주와는 사뭇 다르게 보이는 형상을 가진 그는 초월적인 존재이거나, 인간을 초월한 구원을 예언하러 온 것이 아니다. 그는 인간을 그 자신에게로 돌아가게 한다.

그대들에게 정신의 세 가지 변모에 대해 말하겠다. 즉 어떻게 해서 정신이 낙타가 되고, 낙타가 사자가 되며, 사자가 어린아이가 되는가에 관한 것이다.

정신에는 수많은 무거운 짐들이 있다. 존경심이 지배하는 참을성 있고 엄격한 정신은 그 강인함으로, 가장 무거운 짐을 요구한다.

"더 무거운 것은 무엇이 있는가?" 하고 그 강인한 정신은 묻는다. 그리고는 낙타처럼 무릎을 꿇은 다음 더 무거운 짐을 실어 주기를 바란다.

더 무거운 것은 무엇이 있는가? (···) 자신의 자만심에 상처 주기 위해 자신을 낮추는 일이 아니겠는가? (…) 자신의 승리를 축하하는 순간에 그 승리의 원인으로부터 떠나는 것이 아니겠는가? (…)

어쩌면 또 이런 것인지도 모른다. 우리를 경멸하는 자를 사랑하고, 우리를 두렵게 하는 유령을 향해 손 내미는 것이 아니겠는가?

강인한 정신은 이처럼 모든 무거운 짐들을 스스로 떠맡는다. 마치 무거운 짐을 지자마자 황급히 사막을 향해 가는 낙타처럼, 강인한 정신도 사막을 향해 급히 달려간다.

그러나 극심하게 고독한 사막의 한가운데서 제2의 변모가 일어난다. 이때 정신은 사자가 되어 자유를 정복하려 하고, 자신의 고유한 사막의 주인이 되려 한다.

거기에서 정신은 자신을 마지막으로 지배할 주인을 찾으려 한다. 정신은 자신이 그의 최후의 신의 적수인 것처럼, 정신은 자신이 그 주인의 적이 되고자 한다. 승리하기 위해 정신은 거대한 용과 싸우려고 한다.

정신이 더 이상 주인임을 인정하지도 않고, 신이라 부르려고도 하지 않는 그 거대한 용은 도대체 무엇일까? "너희는 해야 한다." 이것이 그 거대한 용의 이름이다. 그러나 사자의 정신은 말한다. "나는 하고자 한다." (…)

새로운 가치를 창조하는 것——사자도 그것은 아직 할 수 없다. 그러나 새로운 창조를 위하여 자유로워지는 것——은 사자의 힘이 할 수 있는 일이다. (…)

정신은 일찍이 "너희는 해야 한다"라는 것을 가장 신성한 자신의 행복으로서 사랑하고 있었다. 사랑을 희생하여 자유의 정복을 이루기 위해 이제 정신은 가장 신성한 정신의 행복 속에서조차, 환상과 자유재량을 찾아내야 한다. 이러한 유괴를 위해서 사자가 필요한 것이다.

그렇지만 형제들이여, 내게 말해 주오. 사자가 행할 수 없는 것으로서, 어린아이가 할 수 있는 것은 무엇이겠는가? (…)

어린아이는 천진무구이며, 망각이다. 어린아이는 새로운 시작, 유희, 스스로 돌아가는 수레바퀴, 최초의 움직임이며 신성한 긍정이다.

그렇다. 나의 형제들이여. 창조라는 신의 유희를 위해서는 성스러운 긍정의 말이 필요하다. 이때 정신은 정신의 자의에 의해 움직이기를 원하고, 세상을 잃은 자는 자신의 고유한 세계를 얻기 원한다.

제1부, 메르퀴르 드 프랑스판, 27–29쪽.

시간은 더 이상 인간을 초월하는 현실에 인간을 종속시키는 신비로운 비약에 속해 있지 않다! "신은 죽었다." 이 주장은 복잡한 증명에 기초하지 않는다. 그것은 내가 그 말을 하는 즉시 존재한다. 그 주장은 그것을 말하는 나의 오만함으로부터 그 의미를 갖는다. 그것은 실상 주장하는 그 사실 자체에 의해, 내가 나의 가치의 주인이 되고자 결심하는 것을 의미한다. **이렇게 해서 나는 자기 초월로 들어가게 된다.** 나를 사로잡는 사물들의 질서에 복종하는 인간에서 가치의 순수한 긍정과 창조로, 즉 초인간으로 이행한다.

그러므로 "차라투스트라는 한 무리의 양떼를 이끄는 목동이나 양치기 개가 되어서는 안 된다! 많은 양들을 양떼에서 떼어내기 위해서 내가 온 것이다."

빈정거리는 무리들에 의해 거절당한 그는 은둔자들에게 말한다. "나는 수확하고 휴식하는 자들, 즉 창조자들에 합류하기를 원한다. 나는 그들에게 무지개를 보여 줄 것이고, 초인간이 되는 모든 단계를 보여 줄 것이다." 이 잠언은 인간을 초월하기 원하는 자들에게 꼭 맞는 담화의 형태이다. 그 의미가 그들에게 그냥 주어져서는 안 된다. 그들 자신이 나름대로의 해석을 만들어 내야 한다.

강인한 정신은 낙타처럼 가능한 한 무거운 짐을 짊으로써 자신의 강인함을 보여 주고자 한다. 이러한 포기와 헌신의 논리는 핵심적인 모순 위에 근거하는 금욕주의의 이상이 갖는 논리와 같다. 즉 자신의 포기는 찬양으로, 고통이 구원으로, 십자가가 영광이 되는 논리 말이다. 어떤 상황이 그 반대의 상황으로 이끌리는 이러한 변증법은 여기에서 꾸밈없이 드러난다. 가치의 무게와 물려받은 유산(遺産)의 양에 복종하는 것은 가벼운 짐이나 둘러메기 쉬운 멍에가 아니다. 복종은 스스로 그 반대의 것으로 나아가지 않는다. '자유를 정복하기' 위해서는 그것을 전복시켜야 한다. **정신이 그 안에 자신이 주인이 아닌 가치들을 가지고 있는 한 정신은 무언가를 원할 수 없다.** 의지는 사실 우리가 없어도 존재하는 어떠한 상황에 간단히 동조하는 것을 의미하지 않는다. 의지는 생산적이고, 창조적이다. "나는 원한다"는 "나는 그것이 내가 원하는 대로 되기를 바란다"는 것을 의미한다. 의무("너는 해야만 한다")에 대한 복종에서 행사되는 의지는 대조적인 형태를 가지고 있다. 즉 "나는 네가 말한 바대로 그것이 되기를 바란다"인 것이다. 의무는 실상 신의 죽음을 긍정한 이후에 남아 있는 최후의 감시인이다.

사자의 형상은 따라서 모든 초월의 형태를 거부하는 의지를 표상한다. 사자의 일은 그러나 제한되어 있다("새로운 가치를 창조하는 것, 사자는 아직 그것을 할 수 없다"). 사자의 일은 사실상 가치들의 질서를 부정하는 데에 열중한다. 그러므로 부정은 본질적으로 상대적이다. 그 이유는 부정이 그것이 부정하는 것에 존속되는 한에서만 존재하기 때문이다. 따라서 부정은 창조와 순수한 긍정을 표상할 수 없다. 사자는 허무주의의 모든 형태에 결부되어 있는 나약함을 극복하기 위해서 어린아이로 변모해야 한다.

어린아이는 '순진무구함과 망각'이다. 어린아이는 그의 무지 자체에 의해서 **선과 악의 너머에 있다.** 이러한 상황은 보충되어야 하는 결핍이 아니다. 정반대로 이러한 상황은 현실적으로 자유로운 자동적인 긍정을 위한 유일한 조건이다. 어린아이는 '스스로 돌아가는 바퀴'이다. 어린아이는 역사의 짐을 지고 있지 않다. 기억도, 과거도 없고, 후회나 향수 또한 없다. 어린아이는 지금 현재 올지도 모르는 회한에 대한 두려움 없이 긍정한다. 어린아이는 결과를 생각하고 자신의 행동을 가늠하지 않는다. 어린아이는 역사에서 얻어 와야 하는 교훈들을 그대로 따르지 않는다. 그러므로 어린아이는 그가 한번 원한 것은 항상 원할 수 있을 것이다.

어린아이는 따라서 자유롭고 가볍다. 어린아이는 자신의 의지를 소망할 수 있고, 자신이 주인이 되지 못한 특정 대상은 원하지 않을 수 있다.

문헌 16

니체, 《도덕계통학》[25]

'약자들의 도덕'

가치의 긍정은 우선 인간 소외적인 환상의 전복을 전제로 한다. 즉 저 너머에 대한 환상, '저세상'에 대한 환상에서 해방되어야 한다는 말이다. 행위의 뒤에는 주체, 즉 자아가 있다. 이것이 바로 모든 도덕의 위대한 가정이다. 하지만 그것은 실제로 생각할 수 있는 것인가?

•

힘으로 하여금 강함을 나타내지 않도록 요구하는 것과 그것이 적들과, 저항과, 승리에 대한 목마름을 누그러뜨리고, 상대방을 노예로 만들고 싶은 의도를 갖지 않도록 요구하는 것은, 나약함으로 하여금 강함을 보여 주라고 요구하는 것만큼이나 말도 안 되는 일이다. 일정량의 힘은 정확하게 같은 양의 본능과 의지와 행동에 해당한다. 또한 그 결과는 그러한 본능·의지·행동과 다름이 없다. 그렇지 않게 보이는 것은, 모든 결과를 어떤 유력한 원인과 '주체'에 의한 것으로 여기고, 그렇게 착각하는 언어의 유혹 때문이다. (또한 언어 속에 응결된 이성의 근본적인 오류 때문이다.) 실상 사람들이 벼락을 그 빛과 분리하는 것은 번개를 하나의 특정한 **행동**으로, 즉 벼락이라 불리는 한 주체의 나타남으로 여기기 위함이다. 마찬가지로 강한 자가 뒤에서 자신의 힘을 보여 주든지 혹은 그러지 않든지 간에, 거기에는 **자유로운** 중용적인 **기반**이 있는 것처럼 보통의 도덕은 힘과 그 결과를 분리한다. 하지만 이러한 종류의 **기반**은 거의 존재하지 않는다. 행위나 결과, 변전의 배후에는 어떠한 '존재'도 없다. '행동하는 자'는 행동에 부가되었을 뿐——행동이 그 전부인 것이다.

(…) 피압제자, 피학대자, 예속당하는 자들이 무능력에 대한 복수심에 불타는 계략의 영향 아래 다음과 같이 말하기 시작할 때, "악한 자들의 반대가 됩시다. 즉 선한 자가 됩시다! 아무에게도 폭력을 사용하지 않는 자, 모욕하지도, 공격하지도, 보복을 일삼지도 않으며, 복수는 신에 맡기는 자들이 선하도다(…)."——이 모든 것을 냉정하게, 그리고 공정하게 듣는다면, 요컨대 다음과 같은 의미인 것이다. "약한 자들인 우리는 어차피 약자들이다. 따라서 우리는 **우리의 힘이 미치지 않는 것**은 아무것도 하지 않기를 잘 실천할 것이다"——하지만 이 쓰디쓴 확인은 (…) 기다릴 줄 알고, 포기하며, 입을 다무는 미덕의 웅장한 외양을 띠고 있다. 그것은 마치 약자의 나약성마저도——다시 말해서 나약성의 **본질**, 활동, 피할 수 없고 소멸되지 않는 유일한 현실은——자발적으로 선택된 자유로운 완성이고, **장점**이 되는 행동인 것처럼 보이게 한 것과 같다.

첫번째 토론, 13절, '사유들,' 갈리마르판, 58쪽.

포기라는 도덕적 요구 조건은 오직 한 가지 조건하에서만 생각될 수 있는데, 그것은 바로 힘이 스스로를 드러냄 없이 존재할 수 있다는 것이다. 그렇다면 힘이란 여전히 존재하는가? 우리는 색이 없는 색깔이나 조용한 음악을 요구할 수 있는가? 우리는 나약함이 힘을 보여 주기를 요구할 수 없다. 그렇다면 왜 나약함의 바깥에 위치하여 자신을 드러내는 힘을 상정해야 하는가?

이러한 거짓된 요구 조건은 간단한 주장을 이용한다. 즉 **만약 힘이 그것을 사용할 수 있거나 혹은 사용하지 못하는 어떤 존재의 능**

력이라면, 혹은 그런 능력일 뿐이라면 힘이 유지될 수 있음을 상정할 수 있다. 어떤 운동 경기에 정통한 아시아인 학자의 예가 그러한 개념에 도움을 줄 수 있다. 그의 온화함은 자제의 결실이다. 그는 마음대로 표현할 수 있는 자유라는 힘을 소유하고 있다. 모든 도덕은 이러한 유형의 기준을 어떤 식으로든 사용한다. 현명한 금욕주의자나 기독교 순교자는 적어도 한 가지 공통점을 가지는데, 그것은 그들이 애호하는 것들에게 굴복하지 않을 수 있는 능력과, 그들이 할 수 있는 모든 행동들을 죄다 하지 않을 수 있는 능력을 가졌다는 것이다. 최소한 부분적으로라도 도덕의 성질을 가지고 있는 금지의 형태는 이러한 능력을 전제로 한다.

이러한 설명은 언어에 의해 강화되고 인정받게 된다. 사실상 구별되는 용어들이 있다. 일상적인 언어는 가시적인 결과와 감추어진 결과 속에서 사라지지 않는 비가시적인 원인을 분리한다. 이러한 구별은 행동과 모든 도덕이 작용하는 행동의 주체 사이의 구별과 일치한다. 실제로 그러한 구별은 어려움을 없앨 뿐이다.

사실 자신이 '소유한' 힘을 드러냄에 있어서 자유로운 원인은 그 드러남 속에서만 스스로를 보게 된다. 그러므로 어떠한 것도 원인이 '증명하는' 것의 존재를 독립적으로 주장하게 해주지 못한다. 현명한 자는 그가 힘을 사용하는 한에서만 강할 뿐이다. 만약 그가 자신의 힘을 드러내지 않는다면, 그의 힘은 쓸모없는 단어일 뿐이다. 힘의 본질적인 특성들을 가지고 있지 않은 힘이란 힘이 아니다. 결과와 원인, 행동과 행동의 주체를 구분하는 언어는 그것이 구별하는 것이 실제로 존재함을 우리가 믿게 만든다. 하지만 어떠한 것도 그러한 사실을 확인시켜 주지 못하고, 오히려 그 반대이다. 따라서 아직도 형이상학적인 (자연(Physis)의 저 너머(méta)에 있는 어떤 것을 목표로 하는) 유형의 전제를 위해 우리는 행동 뒤에 주체가 있다는 것을 상정한다. 그러나 외양의 뒤에 숨겨져 있는 것은 신비한 존재가 아니다. 우리는 우리 자신을 이원론으로부터 해방시켜야 한다. **행위는 외양이 전부인 것과 마찬가지로 그 자체가 전부이다.** 행위는 부분적으로 감추어진 채 남아 있을 어떤 것 '의' 외양이 결코 아니다.

주체와 원인, 잠재성에 대한 사유들은 따라서 내용 없는 단어들에 불과하다. 하지만 만약 그러한 사유가 그것의 의미에 의해서 정당화되지 않는다면, 그 근본을 다른 곳에서 찾아야 한다. 즉 왜 우리가 그것들을 인식해야 할 필요가 있었던 것일까?

여기에서 분석은 그 위상이 변화한다. 단어에 의해 겨냥된 사유의 정의를 포착하기 위해 "~은 무엇인가?"라고 묻는 철학의 고전적인 질문은 더 이상 가능하지 않다. 그러한 유형의 단어를 만들어 내도록 인간을, 또는 특정 범주의 인간들을 이끈 것은 어떠한 성격의 호기심인지에 대해 의문을 가져야 한다. **한마디로 말해서 사유의 '계통학' 을 만들어야 하며, 사유 형성의 역사를 되짚어 보아야 한다.**

여기에서 문제는 간단하다. 만약 우리가 자신이 소유한 힘을 사용하지 않을 수 있는 능력을 가진 주체에 대한 생각을 만들어 냈다면, 그것은 주체의 나약함이 자발적인 것임을 믿게 하기 위해서이다. 온화함과 정의에 대한 도덕적인 찬양은 그 근원을, 자신의 무력함을 덕성이라 부르는 가장 나약한 계략에서 찾을 수 있다. 주체가 가진 유일한 힘은 실제로 언어의 조작을 통해 속이는 것이다.

문헌 17

니체, 《우상의 황혼》[26]

예술을 위한 예술?

"예술은 인생에 있어서 가장 위대한 흥분제이다"

예술을 위한 예술이라는 주장은, 어떤 맥락에서 볼 때 예술이 '보다 고상한' 이상에 종속되는 것에 반대하는 저항이다. 하지만 그것만으로는 예술의 성질을 이해하기에 충분치 않다.

예술을 위한 예술. —— 예술에 있어서 그 목적에 반대하는 투쟁은 언제나 예술 속에서 **도덕주의적인** 경향에 반대하는 투쟁이고, 또한 예술이 도덕에 종속되는 것에 대한 반대이기도 하다. **예술을 위한 예술**은 "도덕 따위는 꺼져 버려!"라고 말하고 싶어한다. —— 그러나 이러한 반감은 편견이라는 지배적인 경향을 보여 준다. 예술에서 인간을 교화하고 개선하려는 목적을 배제한다고 할 때, 그것은 예술이 절대적으로 아무런 목적이나 목표가 없고, 모든 의미에서 벗어난, 한마디로 **예술을 위한 예술**——자기 꼬리를 문 뱀과 같은 형상——이 되어야 한다는 것을 의미하지는 않는다. "도덕적인 목적을 갖느니 차라리 아무 목적이 없는 것이 낫겠다!"라고 말하는 것은 순수한 열정일 뿐이다. 그와 반대로 어떤 심리학자는 묻는다. "모든 종류의 예술은 무엇을 하는가? 예술은 결코 찬양하지 않는가? 결코 칭송하지 않는가? 아무것도 고립시키지 않는가?" 이 모든 것들과 함께 예술은 일부의 평가들을 **강화하거나** 혹은 **약화시킨다.** 그것은 부산물 혹은 우연에 불과한 것일까? 예술가의 본능이 전혀 가담되지 않은 어떤 것인가? 혹은 예술가의 **할 수 있는** 능력은 예술의 첫 번째 조건이 아니던가? 예술가의 가장 심오한 본능은 예술을 향해 가는가? 아니면 예술이라기보다는 예술의 의미나 **삶,** 혹은 **삶의 욕망**을 향해 가고 있는 것 아닌가? —— 예술은 삶의 가장 큰 자극제이다. 어떻게 우리가 그것을 끝이 없고, 목적도 없다고 말할 수 있을 것인가? 어떻게 우리가 그것을 **예술을 위한 예술**이라 부를 수 있단 말인가?

(…) 비극 작가, 그는 그 자신으로부터 우리에게 무엇을 전해 주는가? 그는 끔찍하고 불확실한 어떤 것 앞에서 정확히 두려움의 부재를 주장하는 것은 아닐까? —— 그러한 상태 그 자체는 하나의 고차원적인 욕망이다. 그것을 아는 자는 그것에 최고의 명예를 부여한다. 그는 그것을 전하고, 그가 비밀스러운 이야기의 천재인 예술가임을 인정하는 한 그는 그것을 전해야 한다. 강한 적수 앞에서, 숭고한 역경 앞에서, 무시무시함을 불러일으키는 문제 앞에서 용기와 감정의 자유를 갖는 것. —— 이러한 **영광스러운** 상태가 바로 비극적인 예술가가 선택하는 것이고, 찬미하는 것이다. 비극적인 것 앞에서 우리 영혼의 호전적인 면은 사투르누스제[27]를 거행한다. 고통에 길들여진 영웅적인 인간은 비극 작품 속에서 자신의 존재를 찬양한다. 비극 예술가는 가장 감미로운 잔혹함의 술잔을 오직 그러한 인간의 삶에 기울이는 것이다.

드노엘/공티에판, 94쪽.

위의 인용문은 칸트식 사유에 근거하고 있는 논의 속에 포함된다.

칸트(문헌 11을 보시오)는 실상 예술의 철학에서 하나의 단절을 표상한다. 예술의 모든 기능성을 인정치 않으면서, 그는 **플라톤에 대립하고(문헌 4), 아름다움 속에서 어떤 사고와의 일치를 보는 것을 거부한다.** 감각적이거나 지적인 기대를 충족시키지 않으면서, 스스로에게 기쁨을 주는 것이 아름다운 것이다. 스탈 부인[28]의 작품《독일론》(1814)[29] 덕분에 프랑스에 알려진 이 분석은, 다양한 이론적인 발전의 기회를 제공한다. 예를 들어 테오필 고티에[30]는 1830년대의 도덕주의적 낭만주의에 대항하여 반응하면서, 예술이 모든 유용성의 고려로부터 독립하여 오직 예술을 위해서 배양되어야 하는 것이라고 생각하였다. 그는《모팽 양》(1834)이라는 작품의 서문에서 다음과 같이 적고 있다. "아무것에도 쓸모없는 것만이 진정 아름다운 것이다. 유용한 모든 것은 추하다. 왜냐하면 그것은 어떤 필요의 표현이기 때문이고, 인간의 필요는 그의 빈약하고 나약한 성질처럼 더럽고 추악한 것이기 때문이다."

30년 후에 '파르나시앵'의 운동은 예술을 위한 예술을 핵심적인 교리로 삼게 되고, 형식미에 진정한 예찬을 바친다.

니체는 예술과 형이상학을 분리한다는 장점을 가진 이러한 미학에 얼마간의 존경을 표한다. 이것은 작품의 해방에 관한 문제이다. **즉 모든 도덕적이거나 존재론적인 기준으로부터 떨어져 나와 예술이 자유롭게 전개되는 것을 의미한다.**

그러나 여기에도 아직까지 순진함이 다소 남아 있다. 즉 '편견의 압도할 만한 강력함' 말이다. 예술을 위한 예술의 교리는 모든 이해의 형태를 초월하여 존재할 수 있음이 가능하고, 또 바람직하다고 믿는다. 예술은 그들에게 있어서 그 단어가 갖는 엄격한 의미에서의 절대치로 존재한다. 예술은 충동이나 욕망과 마찬가지로 동기나 원인에서 벗어나 어떠한 관계도 맺음 없이 그것 자체로서 존재한다. **무신론적 도덕의 특징인 욕망에 대한 무시와 그리 멀리 있지 않다.**

하지만 만약 우리가 예술의 현상을 이해하기를 원한다면, '예술가의 본능'을 배제하는 것은 불가능한 일이다. 모든 현실과 마찬가지로 예술적인 생산은 계보학적인 조사의 대상이 되어야 한다.(문헌 16을 보시오) 예술적 생산이란 어디로부터 오는가? 그것을 생성하는 힘은 어떤 것인가? 이러한 것들이 바로 기원에 관해 조사하는 '심리학자'에게 제기되는 의문이다.

예술은 그것이 존재하는 바에 따르기보다, 그것이 행하는 바에 따라 이해되어야 한다. 예술은 행동, 즉 '권력'이다. 예술은 사실상 관점의 전복을 야기한다. 예술은 현실을 복제하거나 그것 자체로 드러내는 것을 고집하지 않는다. 예술은 행동에 의해 존재하는 외형을 만들어 내고, 또한 그것은 창조적인 행위에 의해서만 가능한 것이다. 어린아이처럼 예술가는 육중한 객관적인 현실과 과거의 명령을 무시한다. 어린아이와 마찬가지로 예술가는 창조자이다. 세상을 향한 그의 시선은 진리의 문제를 초월한 근원적인 평가인 것이다. 예술 작품은 자기 자신 속에 있는 끝이 아니다. 작품은 예술이 자신의 강한 의지를 보여 주는 도구이다. 작품은 정체된 방식으로 이해되어서는 안 된다. 작품은 그것이 연장시키는 과정의 결실이다. 예술 작품은 그것이 사물에 대한 의지를 드러내는 태도인 한에서 가치를 갖는다.

비극 작가는 예를 들어 두려움을 불러일으키고, 심화시키는 것에 맞서 그것을 바라볼 수 있는 오만함을 가진 자이다. 그러한 오만함은 행동의 반응을 유발하는 원한의 극복이다. 편안함과 안전함에 목마른 자들의 평범함을 넘어서, 그는 고통과 위험·잔혹함을 예찬한다.

예술 작품은 더 이상 형식적인 규칙들에 의해 판단되어서는 안 된다. 작품은 그 자체가 욕망에 의해 생산된 하나의 판결문이다.

문헌 18

니체, 《차라투스트라는 이렇게 말했다》

"국가는 모든 냉혹한 괴물들 중에서도 가장 냉혹한 괴물이다"

르네상스 시대에 시작되고 19세기말에 완성된 현대 국가의 형성은 정치를 합리화하려는 의지와 연관되어 있다. 제도는 자발성보다 우선적이다. 이러한 움직임에는 이론의 여지가 있다. 우리는 권력의 의지를 구속하는 규범성의 형상과 '신의 죽음'에 의해 비어 있던 자리를 채우는 새로운 절대자를 제도의 우월 속에서 식별해 낼 수 있다.

(차라투스트라는 군중을 향해 말한다.)

아직도 어딘가에는 여러 민족들과 군중들이 있다. 하지만 우리들은 그에 속하지 않는다. 나의 형제들이여, 여기에는 다만 국가가 있을 뿐이다. 국가, 그것이 무엇인가? 자, 귀를 기울이라. 이제 나는 그대들에게 민족의 죽음에 대해 말하고자 한다.

국가란 모든 냉혹한 괴물 중에서도 가장 냉혹한 괴물이다. 그것은 냉혹하게 거짓말을 하고, 다음과 같은 거짓말이 그 입에서 새어나온다. "나, 국가는 곧 민족이다."

그것은 거짓말이다. 여러 민족을 창조하고, 그 위에 신앙과 사랑을 높이 내건 것은 창조자들이었다. 이렇게 그들은 삶에 봉사하였다.

많은 사람들을 겨냥하여 함정을 파놓고 그것을 국가라고 부르는 그들은 파괴자들이다. 그들은 그 함정 위에 한 자루의 칼과 백 가지 욕망을 걸어 놓았다.

아직도 민족이 존재하는 도처에서는 국가를 이해하지 못한다. 국가를 악의적인 눈, 또는 관습이나 법률에 대한 타격으로 여기고 증오한다.

나는 그대들에게 다음과 같이 말하고자 한다. 모든 민족은 선과 악에 대한 각자의 언어를 가지고 있다. 다른 민족은 그 말을 이해하지 못한다. 각 민족은 그들의 관습과 법률을 위해서 그들의 언어를 창조하였다.

그러나 국가는 선악에 대해 모든 언어를 동원하여 거짓말을 한다. 국가가 하는 말은 모두가 거짓이며, 국가가 소유하고 있는 모든 것은 모두 훔친 것이다.

국가에 속하는 모든 것은 가짜이다. 국가는 훔친 이빨로 물어뜯는다. 물어뜯는 선수이다. 국가는 속속들이 모두 거짓이다.

새로운 국가들은 언제나 국민과 하나되기를 고집한다. 사법 구조의 몰개성적인 총체는 영향력 있는 권위를 갖지 못한 새로운 국가들에 국제적인 인정과 일관성을 부여한다. 사회의 자발성도, 민중들의 앞장섬이라는 구체적인 현존도 없는 **국가는 사회를 조정하고, 국민을 전제주의로부터 보호하며, 그들을 위해 존재하는 척한다.**

그러나 이러한 국가와 민족의 동일시는 이론의 여지가 있다. 국가는 외형적으로만 민족의 성격을 띠고 있을 뿐이다. 이 환상을 벗기기 위해, 국가의 기원이 되는 '사람들'을 고려해야 한다. 국가가 개인으로부터 탄생한다고 믿는 순진함은 버려야 한다. 불평등의 관계는 건국 이래로 계속되어 오고 있다. 그래도 민중의 설립자는 창조적인 긍정과 극복의 방향으로 나아가고 있다. 민족은 '신앙과 사랑'을 위해, 공동의 문화와 이상·기억을 위해 존재할 뿐이다.

민족은 '냉혹' 하지 않다. 왜냐하면 민족은 온기를 갖고 있고, 위대한 사람들과 영웅들의 매우 신비로운 실존을 보유하고 있다. 민족은 추상에 만족할 수 없다. 민족은 하나의 언어와 고유한 관습 속에서 일체가 된다. 민족은 관습과 풍습이라는 흔히 비합리적인 자동성에 의해 특징지어진다. 이처럼 '민족' 이란 개념은 집단적 개념이다. 그 개념의 현실은 구별과 희생, 본능적인 것에 자리를 내준다. 그와 반대로 국가는 어원적인 의미가 지적하듯이——국가는 라틴어 스타레(stare), 즉 머물다로부터 나왔다——영원성과 이성이 존재할 수 있도록 세워졌다. 거기에서 사건과 정열, 권력의 유희가 만들어 내는 카오스가 폭력이나 과도한 불평등을 가져올 수도 있다. **국가는 본래 추상적이다.** 예를 들어 화폐와 계약을 보장하기 위해, 국가는 어떤 계약 당사자들과도 자신을 혼동해서는 안된다. 정의를 확보하고, 복수를 방지하기 위해, 판사인 동시에 해결책이 될 수는 없다. 국가의 목적은 자연적으로 존재하지 않는 것을 존재토록 하는 것으로, 예를 들어 공정성·안전을 들 수 있다. 국가는 이성이라는 **선험적**인 계획에 근거하고, 상황에 따라 변하는 다양한 직감에 근거하지 않는다. **따라서 민족은 창조적인 삶으로 특징지어지고, 국가는 평등한 이성으로 특징지을 수 있다.** 그것은 하나의 불합리를 형성하기에 충분하다. 하지만 이것이 끝이 아니다. 실제적인 실천에 있어서 국가는 '한 자루의 칼과 백 가지 욕망' 으로 드러난다. 국가는 실상 개인에게 있어서 구속으로 작용한다. **국가의 평등과 안정을 위한 임무는 법률의 논쟁에 의해 감추어지기보다는 효과적인 힘의 사용에 의해 행사되고, 사법적인 기구는 구속을 위한 장치이다.** 현대적 국가의 특징인 선동적 구조는——예를 들어 성적인 행동에 관한 예방 캠페인에 의한 공공보건의 구축——보이지 않는 거대한 구속이고, 주로 단순한 기술적인 조건에 의해 정당화된다. 그러한 기능을 완수하기 위해, 국가는 국가 예산에서 일정 부분을 배당해야 할 필요가 있다. 구세주로서의 국가는 수요를 책임지고, 서비스의 공급자이므로 인정받은 분양 기구이다.

국가는 모든 다른 괴물들처럼 정상적인 것의 변이체이다. 국가는 위로부터 평등과 합리성을 강조하면서 민족의 살아 있는 힘을 변화시킨다. 국가는 '최후의 인간'의 욕망과 일치한다. 그를 위해 "목동 없이 양떼만이 한 무리 있을 뿐이다! 각자는 모두 같은 것을 원하고, 모든 이는 평등하다."(《차라투스트라》, 서문)

국가는 거짓말쟁이이고 동시에 도둑이다. 국가는 민족을 위해 일하고, 민족의 잠재력을 위해 자신을 맞춘다. 각각의 민족은 서로 언어·가치·문화에서 다양하고, 그러므로 하나의 가치는 없고, 대신 주관적인 평가의 다양성이 있다는 것을 보여 준다. 국가는 또한 이러한 다양성을 거치게 되고, **자신의 거짓말을 보편적인 것이 되게 할 줄 안다.** 모든 언어로 자신을 이해시키면서 말이다. 국가는 다수와 유동적인 다양성에 무관심한 절대라는 형상을 채택하고, 구현한다.

그러므로 여전히 존재하는 민족은 국가 안에서 신의 대체물을 알아볼 줄 안다.

문헌 19

프로이트, [31] 《메타심리학》 [32]

내 안의 또 다른 나?

심적 무의식의 현실

고대 이후로 꿈과 사유, 무의지적인 감정들은 설명의 대상이 되어왔다. 그에 대한 두 가지 유형의 대답이 지배적인데, 하나는 신이고 다른 하나는 육체이다. 그러나 무의식적인 현상들은 신적인 영감이거나 혹은 육체의 기능에 의한 결과였지, 주체의 숨겨진 사고에서 나오는 것으로 분석된 적이 결코 없었다. 하지만 우리가 그것들을 실제로 이해하기를 원한다면, 다음과 같이 드러낼 수 있다.

심적 무의식(무의식적 심리 현상)을 가정하고, 그 가정에 대해서 과학적으로 연구할 수 있는 우리의 정당한 권리는 여러 방면에서 이의 제기되어 왔다. 우리는 여기에서 무의식의 가정이 필요하고 정당하며, 무의식이 존재한다는 수많은 증거를 가지고 있다고 대항할 수 있다. 무의식이 있다는 가정은 필수적인데, 왜냐하면 의식의 자료들은 공백을 갖고 있기 때문이다. 환자들에게서와 마찬가지로 건강한 사람들에게서도 의식이 설명하지 못하는 다른 행위들을 전제로 해야만 하는 심적인 행위들이 흔히 나타난다. 그러한 행위들은 단순히 건강한 사람들에게서 나타나는 착오 행위나 꿈만 해당되는 것이 아니라, 환자들에게서 나타나는 심적 증상이나 강박 현상이라 불리는 모든 것이 가능하다. 우리의 지극히 일상적이고 개인적인 경험은, 어떻게 해서 우리 머릿속에 들어온 것인지 알 수 없는 순간적인 생각들을 떠올리게 하고, 또한 어떻게 그러한 결론을 내리게 되었는지 그 과정을 알 수 없는 생각의 결과물을 만나게 한다. 만약 우리가 우리 안에서 일어나는 모든 심적 행위들을 필연적으로 의식을 통해 경험되어야 하는 것으로 계속 주장하기를 원한다면, 모든 의식적인 행위들은 아무런 일관성도 없고, 이해될 수도 없는 것으로 남을 것이다. 또한 모든 의식적인 행위들이 우리가 제시한 무의식의 활동을 포함한다면, 명백함을 갖는 일관성 속에서 정돈될 것이다. 이러한 의미와 일관성의 획득은 우리를 직접적인 경험을 초월하도록 이끄는 매우 정당화된 동기이다. 더군다나 무의식이 존재한다는 가정하에, 우리가 획득하게 될 목표의 도움으로 의식 과정에 영향을 미치는 실천을 성공적으로 구축할 수 있다는 것은, 우리가 가정한 무의식의 존재를 확인해 주는 부인할 수 없는 증거가 된다. 우리는 따라서 정신에서 일어나는 모든 것은 필연적으로 의식의 인식하에 들어가야 된다는 것을 요구하는 것은, 받아들일 수 없는 제멋대로의 가정일 뿐이라는 관점에 서 있어야 한다. (…)

정신과 의식을 습관적으로 동일시하는 것은 절대적으로 부적합하다. 그것은 정신의 연속성을 찢어 놓고, 우리를 심신병행론이라는 해결할 수 없는 문제점들 속으로 몰아넣으며, 아무런 관념적 근거 없이 의식의 역할을 과대평가하는 비난의 말 아래로 우리를 떨어뜨리고, 우리에게 다른 분야들로부터 오는 대안을 가져다 주지도 못한 채 심리학적 연구 분야를 조기에 포기하도록 만든다.

프로이트 전집, 프랑스대학출판, 1988, 제8권.

.

이 이론적인 문헌은 **심적 무의식이라는 가정을 증명하기 위함을** 목적으로 삼는다. 주체를 '이탈하는' 사고나 행동들이 있음은 여기에서 문제시되지 않는다. 그것은 오래전부터 확인되어 왔던 경험적인 사실이다. 문제는 그러한 현상들의 위상에 있다. 그러한 현상들의 원인은 무엇인가? 19세기 정신 치료의 발달은 해부학과 생리학의 비약적인 발전과 연관된다. 심적 불안은 육체적인 불안의 결과로 여겨졌다. 19세기 초반에 피넬[33)]은 정신 불안의 원인들을 분류하면서, 유전적인 원인에 매우 중요한 자리를 부여한다. 라엔네크[34)]에 의해 고안된 해부 치료법은 정신의학에서 그 적용을 찾을 수 있는데, 병적인 증상들(착란, 판단의 착오, 망상 등)을 해부학적인 확인이 증명할 수 있는 결함과 일치시키는 것이 가능하였다. 뇌막의 손상, 대뇌 피질과 하부 피질 조직의 손상 등.

프로이트의 스승이었던 샤르코[35)]는 이러한 정신의학 전통의 핵심적인 인물로 등장한다. 이런 유형의 분석은 과학적인 의도에서 나온 것이다. 경험에 의해 객관적인 진짜 이유들을 찾아내는 것이 가능해진 이후로 정신 불안은 더 이상 신비로운 것이 아니다.

하지만 이러한 해부학적 원인 분석 방법은 치료의 실제적인 면에서 한계에 도달하게 된다. 의사들 자신이 그들이 히스테리라 부른 정신 질환의 총체를, 모든 주요 기관이 건강한 환자에게서 발견하였을 때 무능력을 실감하게 되었다. 오스트리아의 브로이어[36)] 박사는 정신분석의 선구자로서, 다른 방법에 의존하여 이 사례에 열중하였다. 유사한 증상의 환자들이 격렬한 감정적인 충격을 겪었다는 사실에서 출발하여, 그는 새로운 시도를 하게 된다. 즉 최면에 의해서 환자들이 그들의 증상이 나타났던 상황들을 기억해 내도록 유도하는 것이다. 그래서 그는 최면 상태에서 그러한 증상이 해소되는 것을 몇몇 경우에 확인하였다. 따라서 **느낄 수는 있으나**

합리적으로 설명될 수 없었던 행동은 '그 과정을 알 수 없는 생각의 결과물'로서 드러난다. 예를 들어 육체적인 이유가 없는 극심한 고통은, 우리가 부족함을 느끼는 애정의 대상이 되고자 하는 무의식적인 의도로 설명될 수 있다.

잠재적이고 지각되지 못한 사고에 대한 연구는 의식에 의해서, 혹은 육체의 기능성에 의해서 설명될 수 없는 의식적인 행위들에 의미를 부여할 수 있는 유일한 수단이다——나는 일부러 아픈 것이 아니다. 그것은 내 잘못이 아니다.

따라서 두 가지 주장이 심적 무의식을 변호한다. 무의식이 일부의 현상들을 이해할 수 있는 유일한 수단이라는 점과, 치료적인 성공을 거두게 한다는 것이다.

이러한 가정에 대한 확신은 중대한 결과를 가져온다. 무의식이란, 원래 주체가 자유롭게 생산하지 못한 현상들을 지칭하는 형용사였는데, 그것이 여기에서 숨겨져 있는 사고의 활동을 지칭하는 명사가 된 것이다.[37] 결과적으로, **사고와 의식을 동일시하는 것이 더 이상 불가능하다.** 내 속에는 논리적 추론, 검열, 내가 알아차리지 못하는 상징으로 변화된 충동이 있다. 고전 철학에 의해 사유된 자아의 아름다운 통일체는 하나의 환상처럼 분해되는 것이다…….

문헌 20

베르그송,[38] 《의식과 생》[39]

비-시간적인 의식?

모든 의식은 기억이고 예상이다

경험을 구성하는 의식은 정의의 추상적 대상이 될 수 없다. 그것을 이해하기 위해서는 그것을 구체적으로 특징짓는 시간과의 관계를 통해서 포착해야 한다.

정신이 모든 의식에 앞서 말한다고 누가 말하는가? 의식이란 무엇인가? 당신은 우리들 각자의 경험에 항상 존재하는, 그토록 구체적인 것에 대해 내가 정의를 내리지는 않으리라 생각할 것이다. 하지만 의식에게 그 자체보다 덜 명료한 정의를 부여하지 않고도, 나는 의식을 그것이 가진 가장 명백한 특징에 의해서 정의할 수 있다. 즉 의식은 우선 기억을 의미한다. 기억은 그 넓이를 가늠할 수 없다. 기억은 과거의 매우 적은 한 부분만을 포용할 수 있을 뿐이다. 기억은 조금 전에 일어난 일을 붙잡아두는 것만을 할 수 있다. 하지만 기억은 있되, 그것에 대한 의식이 없을 수도 있다. 의식은 자신의 과거에 대해 전혀 아무것도 기억하지 않고, 끊임없이 자신을 망각할 것이며, 매순간 사라지고 또다시 태어날 것이다. 무의식을 어떻게 달리 정의할 것인가? 라이프니츠가 무의식에 관해서 '순간적인 정신'

이라고 말했을 때, 그는 싫건 좋건 간에 그것이 무감각하다고 표명한 것이 아닌가? 모든 의식은 따라서 기억이다. 즉 현재 속에서의 과거에 대한 보관과 축적이다.

하지만 모든 의식은 미래에 대한 예견이다. 당신의 정신이 언제나 향해 있는 방향을 생각해 보라. 당신은 그것이 지금 있는 것에 관심을 갖고, 특히 앞으로 올 것에 대해 염려하고 있음을 발견할 것이다. 주의는 하나의 기대이다. 삶에 대한 주의가 없이는 의식도 없다. 미래는 여기에 있다. 그것은 우리를 부르고, 혹은 오히려 우리를 그것이 있는 쪽으로 끌어당긴다. 우리를 시간의 길 위에서 전진하게 하는 이러한 끊이지 않는 끌어당김이, 바로 우리가 계속해서 움직이고 있는 이유이다. 모든 행동은 미래를 조금씩 잠식하는 것이다.

이미 더 이상 없는 것을 붙잡는 것, 아직 오지 않은 것을 예상하는 것, 이것이 바로 의식의 첫번째 기능이다. 의식에게 있어서 현재란 없다. 현재가 수학적인 순간으로 축소된다고 하더라도 말이다. 그러한 순간은 순전히 이론적인 한계일 뿐이고, 과거와 미래를 구분한다. 엄밀히 말해서 그것은 이해되어질 수는 있지만, 결코 지각될 수는 없다. 우리가 감지하는 것은 사실 두 개의 부분으로 구성된 지속의 일정한 두께일 뿐이다. 우리의 가까운 과거와 바로 앞의 미래가 그것이다. 그러한 과거 위에 우리는 기대고 있고, 그러한 미래를 향해 몸을 기울이고 있다. 기대고, 몸을 기울이고 하는 것은 의식적인 존재의 고유한 특성이다. 따라서 원한다면, 의식이란 과거에 있었던 것과 앞으로 있을 것 사이를 연결하는 연결 부호라고, 과거와 미래를 연결하는 교량이라고 말하기로 하자.

《정신적인 에너지》, 프랑스대학출판.

의식한다는 것은, '무언가에 대해 알아차리기'를 할 수 있다는 말이다. 그러나 알아차려진 현실은 먼저 감각들의 연속으로 제공된다. 예를 들어 내가 보고 있는 강물 위로 내려오는 배나 내가 듣는 노래 가사는, 어떤 한순간에도 그것들 원래의 것과 동일하지 않다. **내가 그것을 감지할 수 있다면, 그것은 이미 사라졌으나 명확한 이미지나 소리를 내가 머릿속에 가지고 있기 때문이다.** 그것은 내가 어떤 멈추어져 있는 것을 감지한다 하더라도 마찬가지이다. 나는 집의 아랫부분으로부터 제공된 감각들을 내 시선이 집의 윗부분에 다다랐을 때 기억해 내야 하는 것이다. 따라서 의식은 과거와의 대화 없이는 있을 수 없다. 하지만 그것은 일반적인 과거와 관계 있는 것이 아니라 '**의식의 과거,**' 감각, 의식이 받은 인상들, 의식이 어떤 것이 무엇인지에 대해 이해할 수 있기 위해 그 속에 보존하고 있는 것과 관계된다. "모든 의식은 기억이다." 그리고 단순한 흔적이나 유물이 아니다. 실제로 돌 하나는 그것에 있었던 흔적들을 갖고 있지만, 그것이 자신의 과거를 내면화함으로써 스스로를 형성한 것은 아니다. 돌은 의식을 갖지 못하고, 돌에게 있어서 시간적인 순간들은 덧없이 흘러가는 절대적인 것일 뿐이다.

따라서 우리는 여기에서 두 개의 큰 세계가 있음을 본다. 즉 의식과 질료, 지속과 순간, 과거의 보존과 그것의 파괴. 여기에 바로 거대한 이분법이 있고, 큰 경계가 있다. **의식은 불활성의 질료가 아닌 모든 것을 포함한다. 의식은 인간의 고유한 것이 아니다.** 유사한 과거의 확장에 비례하여, 의식에는 여러 수준이 있을 수 있다. 연체동물에서 인간에 이르기까지, 보존된 과거의 불완전한 끝에서 자신에 대한 명석한 성찰에 이르기까지, 의식은 언제나 과거가 현재의 인식을 가능하게 해주는 수단이 된다.

의식의 분석은 따라서 우리에게 시간의 순간들을 분해하는 것을 금지한다. 기억, 그것 역시 예상이다.

실상 경험은 의식과 습관 사이에 대립이 존재함을 가르쳐 준다. 언어 습득의 자동성이나 많이 쓰이는 기계의 사용법을 학습하는 것은 의식의 부담을 줄이고, 의식으로 하여금 주의를 기울여야 되는 필요에서 벗어나도록 하는 목적을 가진다. 미래가 과거의 기계적인 반복일 뿐일 때, 의식은 뒤로 후퇴한다. 반대로 극적인 선택의 상황들 속에서, 의식은 그 가장 높은 수준에 도달한다. **의식의 원인**은 정확하게 의식을 드러낸다. 상황은 그것의 새로움과 심각성에 따라 격심함을 동반하면서 포착된다. 의식은 과거와의 차이와 그 결과의 폭넓음에 의해서 더욱 두드러진다.

보다 일반적인 지각에 있어서, 의식과 미래와의 본질적인 관계는 이미 존재한다. 내가 감지할 수 있는 것은 실제로 하나의 선 위에서 떨어져 나간 한 개의 점이 될 수 없다. **과거나 미래와 아무런 연관도 갖지 않는 기본적인 시간의 분할인 순간은, 하나의 순수한 추상이다.** 우리는 "우리가 그것을 알아차릴 수 있는 시간이 없다"라고 흔히 말할 것이다……. 그것은 우리를 스쳐 지나간다. 왜냐하면 우리는 그것을 연속적인 흐름 속에 가두어둘 수 없고, 그것을 앞서간 것과 앞으로 올 것에 연결할 수 없기 때문이다. 따라서 우리는 현재와 순간을 구별해야 한다. 순간은 감지할 수 없는 하나의 사고일 뿐이다. 반면 현재는 경험에 부응한다. 현재는 즉각적인 기억들과 예상의 종합으로 구성된다. 과거와 미래를 대립시키는 것이 아니라, 그것들을 결합하는 것으로서 의식 내에 존재한다. **따라서 의식에는 현재만이 있을 뿐이다.** 그러므로 의식은 단순히 시간과의 일정한 연관 관계만으로 특징지어질 수는 없다. 과거를 보유하고, 미래를 예견함으로써 의식은 시간이 하나의 추상이 아님을 말해 주는 수단이다.

II

주 제

예 술

예술이란 존재하는가?

생산으로서의 예술

예술은 우리에게 일정한 의미를 갖고 있는 것으로 여겨진다. 우리는 그것을 대략 아름다운 **작품**의 생산으로 특징지을 수 있다. 그러한 이유로 예술은 유용한 **물건**의 제조를 목표로 하는 장색(匠色)과 구분된다. 예술은 **창조하고**, 새로운 것을 생산한다. 장인은 **제조하고**, 이미 존재하는 어떤 모델을 반복하여 만들어 낸다. 그러나 명백하게 확인되는 이러한 차이는 문제를 제기한다. **예술은 장색과 마찬가지로** '미리 이끌려진' 생산물이라는 어원적 의미를 갖기 때문이다. 두 경우 모두 최초의 재료에서 시작하여 과정과는 별도인 현실, 즉 일단 완성된 후에는 독립적인 하나의 현실을 만들어 내는 것과 관련된다. 예술과 장색은 그리스인과 특히 아리스토텔레스가 포이에시스(poiésis)라 부른 것에 속한다. 그것은 그 결과가 행위자의 외부에 있는 것으로, 결과가 행위자의 내부에 머무는 프락시스(praxis)와 반대되는 개념이다. 프락시스는 예를 들자면 공부하는 것이나 생각하는 것이 될 수 있다. **예술과 장색은 포이에시스의 특별한 형태를 표상한다.** 그 둘은 **질료 내에서 새로운 형태나 새로운 질서를 구현하는 것을 목적으로 한다.** 정신적인 분야에서 계속 존속하는 하나의 작품을 후대에 남기는 입헌자와는 달리, 예술 작품이나 생산품의 지속은 그 질료에 달려 있다. 따라서 우리는 테크네(technè) 쪽으로 나가게 되고, 이 말에서 기술(technique)이란 단어가 유래하였다. 이러한 질료와의 충돌은 강제적인 조건들을 가진다. **예술가는 기술자와 마찬가지로 온화한 몽상가가 되어서는 안 된다.** 몽상은 어떠한 장애물도 가질 수가 없는데, 왜냐하면 그 자신 이외에 어떠한 규칙도 갖지 않기 때문이다. 그러한 점은 작품을 생산할 수 없게 만든다. 예술가는 질료의 저항을 경험한다. 그는 질료에 대해 잘 파악하고, 그에 복종함으로써 그것을 극복해야 한다. 이러한 의미에서 우리는 아리스토텔레스와 함께 **"예술은 자연을 모방한다"**라고 말할 수 있을 것이다. 외형적인 유사함의 의미에서 모방의 문제를 고려하기 이전에 앞의 문장을 글자 그대로 현실적인 방법으로 이해해야 한다. 자연의 존재들이 그것들의 질료가 준비되었을 때에만 변화를 일으킬 수 있듯이(한번 결빙을 겪은 꽃눈은 꽃을 피우지 못한다), 예술가나 장인 또한 그가 연약한 질료가 필요로 하는 조건들을 지켜 주지 않는다면 그 질료를 변화시킬 수 없다. 따라서 장색에서와 마찬가지로 예술에서도 즉흥은 없다.

재료에 의해 부과되는 이러한 엄격성은 다른 형태들로 나타나고, 예술가와 상인은 그것을 공통적으로 받아들여야 한다. 재료에 대한 작업은 생산자가 선택하는 것이 아닌 시간성에 복종한다. 플라톤이 《국가》(문헌 2) 제2권의 첫 부분에서 보여 주었듯이, 서로 상이한 임무들을 실현하기 위해서 '적당한 때'가 있는 법이다. 예를 들어 자신의 파스텔화를 고쳐 그리기 위해 시간을 창조하는 것은 화가가 할 일이 아니다. **사물들을 생산적인 자유에 의해 변화시키기 위하여 사물의 법칙에 적응하는 이러한 능력은** 모두에게 주어진 것이 아니다. 동일한 문헌에서 지적하기를, 우리 모두는 똑같은 능력을 갖고 있지 않다. 따라서 예술가와 장인은 그들이 가진 질료와의 단순한 연관에 의해서 유한한 인간들의 공통점으로부터 구별되는 존재들인 것이다.

이러한 분석의 차원에서 예술가는 어떠한 특수성도 갖고 있지 않은 것 같다. 사실 예술은 생산 그 자체의 개념만으로 생각하는 한 존재하지 않는다고 할 것이다. **유용성과 구별되는 아름다움의 개념과 함께일 때에만 예술은 장색과 구별될 수 있다.**

예술과 아름다움, 예술은 곧 아름다움인가?

실제로 예술가가 어떤 특정한 목표에 도달하려는 단순한 목적에서 작품을 만드는 것이 아님을 우리가 알고 있다 하더라도 그의 행위는 자유롭다. 즉 예술가는 '규정서'에 의거하여 자기 작품의 대상이 무엇이 될지를 끌어내지 말아야 한다는 말이다! 비록 그 작품이 약호화된 참고 도감식의 기준들에 부응하는 주문에 의한 작품이라 할지라도 작품을 미리 예상하는 것은 불가능한 일이다. **창조가의 행위 속에서 미래는 과거의 단순한 반복이 아니다.** 예술가는 그가 존재하는 모든 방식대로 행동한다. 그는 과거에 기대어 있고, 동시에 미래를 향해 있다.(베르그송을 보시오; 문헌 20)

응시가 소비에 대조되는 것처럼 예술은 장색에 대립된다. 예술 작품은 실제로 내 눈길을 끌고, 동시에 나를 자극한다. 그것이 내 눈길을 끄는 것은, 그것이 내 주의를 사로잡기 때문이다. 그것이 나를 자극하는 것은, 그것 스스로 소유되지 않기 때문이다. 그것은 매혹적인 동시에 욕망의 바깥에 있다. 샤르댕[1]의 죽은 자연은 내 배고픔을 충족시키지 못하고, 프락시텔레스[2]의 누드는 관능적인 쾌감을 만족시키지 못한다. **정확하게 말해서 아름다움이란,** 즐거움을 위한 감각적인 욕망과 이해하려는 지적인 욕망인 동시에 **무동기적인 매혹으로 특징지을 수 있다.**(칸트를 보시오; 문헌 11)

예술과 욕망

하지만 예술은 개인의 정신과 역사 속에서 일어나는 것과 무관하지 않다. 프라 안젤리코[3]의 그림은 그가 가진 신에 대한 욕망을 이해하지 못하면 의미를 알 수 없다. 쿠르베[4]나 고야[5]의 작품들은 산업 혁명과 그것이 일부 사람들에게 불러일으킨 사회적인 쟁점들이 없었다면 생겨나지 못했을 것이다.

따라서 예술은 자기 자신 속의 하나의 종결점 이상으로 어떤 현실을 불러일으키는 하나의 기호로서 이해되어야 할 것이다. 신성한 예술은, 예를 들어 욕망의 창조자로 스스로를 인식한다. 그것은 이 세상에 없는 절대적인 완전함을 표현한다는 한에서만 의미를 가진다. 그러한 완전함을 엿보게 하면서, 예술을 갖고 싶은 것으로 만든다.(플라톤을 보시오; 문헌 4) 19세기초에 태어난 예술을 위한 예술 전통을 떠나서 19세기의 예술은 의미 있는 예술과 부분적으로 연결된다. 예술 작품은 더 이상 절대의 기호가 아니고, 즉각적인 현실에 대한 판단을 표현한다. 그것이 바로 상이한 형태로 나타나는 참여 예술의 의미이다.

사실 예술이 어떤 의도와 의미의 전달자인 이상, 무상성(無常性)의 예술을 생각하는 것이 어렵게 느껴지는 게 사실이다. **따라서 만약 예술이 어떤 역할을 수행한다면, 예술 그 자체로서보다는 그것이 행하는 바에 의해서 더 가치를 갖는다. 작품은 그것의 창작 의도에 비해 중요성을 덜 갖는다**…….(니체를 보시오; 문헌 17) 우리들 각자는 예술가가 될 수 있다. 만약 우리가 예술가를 자신이 어떤 사람인지를 말하기 위해 작품을 만드는 자라는 의미로 받아들인다면 말이다. 따라서 우리는 미의 기준에 복종하는 예술 작품 생산이라는 엘리트주의적인 개념으로부터, 예술이 자신의 표현이라는 '민주주의적인' 개념으로 이행하였다. 이는 곧 예술의 죽음인가, 혹은 완성인가?

타 인

찾아낼 수 없는 타인

동일자와 타자의 모순

내가 **타인**에 대해 말할 때, 나는 일반적인 '다른 사람들'을 겨냥하고 말하는 것은 아니다. 대신 **내 앞에 있는, 나를 닮았지만 나와는 다른 사람**을 말하는 것이다. 정치적 혹은 일반적인 법적 성찰의 범위 내에서 그것은 타인의 문제가 될 수 없다. 가장 중대한 문제는 각 개인들 사이의 관계와 한 주체(主體; sujet)와 다른 한 주체와의 관계를 직접적이지 않은 방식으로 이해하고, 방향을 잡아 주는 것이다.(플라톤을 보시오; 문헌 2) 마찬가지로 만약 우리가 주체를 순수한 도덕주의적 환상으로 만들어 버린다면, 타인의 문제 또한 더 이상 제기되지 않는다.(니체를 보시오; 문헌 16)

그러므로 **오직 주체에 대한 성찰에서부터 타인에 대한 의문이 나올 수 있는 것이다.** 하지만 정확히 말하자면, 타인에 대한 의문이 그 모든 난점들을 가지는 것도 바로 여기에서이다. 외모상으로 구별되기에 나와 다른 타인은, 의식을 타고났다는 점에서는 나와 비슷하다. 따라서 **타인은 타자와 동일자의 특성을 동시에 갖고 있다.** 그런데 내가 할 수 있는 최초의 경험(데카르트를 보시오; 문헌 5)은, 나에게 사유의 대상일 뿐인 모든 것과 비교하에 내가 가지는 절대적인 차이이다. 내가 생각하는 모든 것은 내가 의심하는 것들과 닮았다. 반대로 나는 나 자신을 존재하지 않는 것으로 생각할 수 없다. 여기에 또 다른 난점이 추가된다. 의심이라는 내밀하고 대체 불가능한 경험 속에서 나 자신이 의식으로서 포착되는 거라면, **내 앞에 있는 타인도 마찬가지로 의식을 타고났다는 것을 어떻게 알 수가 있을까?** 나는 그의 입장에서 그가 생각하는 주체로서 존재한다는 확신을 경험할 수 없다. 만약 내가 그럴 수 있다면, 나는 그가 될 것이다. 그러므로 타자는 본질적으로 나와 다른 외부의 존재로서, 극복할 수 없는 타자성이란 특징으로 나타난다. 실제로 나는 우선 그로부터 가장 일반적인 물리적 법칙들에 종속되고, 공간 속에 기록된 감각적인 현실을 지각할 뿐이다. 우리의 육체는 마치 하나의 기계와도 같다.(데카르트를 보시오; 문헌 7) 모든 물질적인 존재들은 서로 닮아 있다. 그 모든 것들은 가로·세로·높이 속에 등록되어 있고, 동일한 규칙을 따른다.(데카르트를 보시오; 문헌 6)

따라서 의심이라는 근본적인 경험 속에 형성되고, 절대적으로 확실한 사유들을 향해 나아가기를 원하는 자아에게 있어서 **'타인'은 하나의 내용 없는 사유일 뿐이다.**

하지만 경험은 내 앞에 있는 타자와 나와의 관계는 존재하고, 필요하다는 것을 보여 준다. 예를 들어 제자는 연구에서 진보를 이루기 위해서는 스승을 필요로 한다. 제자는 자신의 질문들로부터 이익을 얻을 수 있고, 그것은 그 두 사람이 **같은** 정신을 갖고 있기 때문이다. 또한 제자는 스승을 필요로 하는데, 그들은 지식의 수준에 있어서 **차이**를 가지기 때문이다.(플라톤을 보시오; 문헌 1) 따라서 주체성을 객관적으로 포착하려는 데에서 오는 불가능함을 극복하는 방법을 찾아야 할 것이다. 어떻게 이 타인이라는 '기계'가 동시에 나와 똑같은 정신이라는 것을 인정할 것인가?

타인의 발견

인 정

해결 방식은 간단하다. 타인은 의식을 타고났지만, 내가 그의 입장에서 그의 의식을 경험할 수는 없다. 타인을 이해하기 위한 유일한 해결책은, 그의 존재 방식 속에서 오직 의식으로만 설명되어질 수 있는 행동들을 구별해 내는 것이다.(데카르트를 보시오; 문헌 7) 그러기 위해서는 강제적인 인과성을 벗어나는 존재 방식을 외부에서 찾아야만 한다. 즉 현실적으로 의식의 본질적인 능력을 보여 주는 행태를 말이다. 즉 자신에 대한 성찰이나 대상과 주체를 분리할 수 있는 능력 등. 육체의 기능이 설명할 수 있는 것 중 어떠한 것도 나에게 타인을 보여 주는 것을 허용하지 않는다. 유일하게 자유로운 발화만이 그러한 조건을 충족시킨다. 동물적 언어나 기계적인 언어와는 반대로, 자유로운 발화는 본능이나 프로그램화와는 동떨어져 있다. 새로운 것을 말하기 위해서 기호를 만들어 낼 수 있는 자유로운 발화는 '존재하는 주체들에 대해' 표현하고, 그로부터 자유로운 발화가 성찰의 열매라는 것을 보여 준다.

그러므로 주체성의 객관적인 기호에 근거한 연역법의 도움으로 내가 타인을 인정할 수 있게 된다.

한편 우리는 타인에게로 가는 이러한 방식이 많은 부분에 있어서 인위적임을 항의할 수 있을 것이다. 그것은 설득력 있는 진리에 목말라하고, 완벽하게 정립된 것이 아니라면 어떤 것도 보유하기를 원치 않는 정신의 특성이다.

직접적인 경험에서는 경우가 다르다. **나는 나를 바라보고 있는 사람이 자동 인형이 아니라는 것을 잘 알고 있다.** 일종의 직관에 의해서, 나는 그러한 시선 속에서, 그러한 행동들 중에서 공동체적 인류애를 지각한다. 의식은 실상 숙고된 행동들을 생산하는 데에만 한정되지 않는다. 의식은 우선 시간 속에서 존재하는 하나의 방식이다. 행동은 이처럼 자신을 다른 존재들과 즉각적으로 구별해 주는 기억과 주의력의 한 단계를 보여 준다.(문헌 20을 보시오)

존경할 만한 타인?

윤리적 요구 조건의 소지자인 타인

타인은 요컨대 인정할 만하다. 타인의 주체성의 일부는 객관적인 방식으로 표현되므로 주체로서의 타인은 나와 닮았다.

그렇지만 여기에 공허한 어떤 것이 없는가? 우리는 사실 일반적으로 '주관'을 근본적인 특이성의 분야로서 이해한다. 내가 감지하는 것, 내가 사는 것과 살아온 것은 소통 불가능하다. 실제로 다른 사람이 어떻게 나 자신의 역사와 나의 성격에만 국한되는 것을 이해할 수 있단 말인가? 만약 각자가 다르다면, 타인이 어떻게 또 다른 나라고 말할 수 있는가?

각자의 관점이 얼마나 다를 수 있고, 관심이 얼마나 다양한가를 경험으로 알 수 있다. 누군가에게 유쾌한 것은 다른 사람에게는 그렇지 않다.(칸트를 보시오; 문헌 11) 누군가의 생존 욕구는 다른 사람의 그것과 언제나 양립 가능한 것은 아니다.(칸트를 보시오; 문헌 13)

그렇지만 분석은 여기에서 멈출 수 없다. 내가 어떤 작품을 그것이 내게 전해 주는 것으로서가 아니라, 그것 자체로 감상할 수 있는 능력은 내가 나의 특이성을 넘어서 나 자신을 넘어설 수 있고,

감각적이고 지적인 관심을 초월할 수 있는 동일한 능력에 있어서 타인들과 합류할 수 있다는 표지이다. **타인은 나와 마찬가지로 보편적인 것을 향해 나아갈 수 있다. 그도 나처럼 이성을 타고났으므로.** 이러한 맥락에서 타인은 도구화될 수 없다. 사실 본질적으로 무관심이라는 능력을 특성으로 가진 자를 관심의 방식으로 다룬다는 것은 모순적이다. 본질적으로 스스로 자신이 추구할 목표들을 결정할 능력이 있는 자를 그가 선택한 것이 아닌 목적에 복종하도록 만드는 것도 모순이다.(칸트를 보시오; 문헌 12)

과학적 지식

측정할 수 있는 것, 즉 객관적인 것

주관적인 견해를 초월한, 확실한 지식에 도달하고자 하는 의지는 우리가 '과학적인 지식'이라는 말에서 이해하는 바를 특징짓기에 충분하지 않다. 예를 들어 플라톤식의 변증법은 '과학적인' 것으로 분류될 수 없음에도 불구하고 그러한 의도에 속한다.(문헌 1을 보시오) 이 표현은 관념의 역사에서는 비교적 최근의 것으로서, 보편적이고 필연적인 규칙들에 도달하는 **객관적이고 측정 가능한 자연에 대한 지식**을 가리킨다. 과학의 위세는 사실상 다양한 현상들의 예외를 인정하지 않는 몇 개의 법칙에 귀결시킬 수 있는 능력으로부터 나온다. 오랫동안 매혹적인 전형으로 남아 있었던 것은 바로 뉴턴의 물리학 모델이다. 중력의 법칙은 조수의 움직임과 월식, 물체의 추락을 동일한 필연성으로 설명할 수 있게 해준다.

그러한 유형의 설명에 도달할 수 있기 위해서는 자연을 계산 가능한 법칙들로 이루어진 단순한 체계로 여겨야만 한다. 과학자는 시인이 아니다. 그는 자연을 감정에 따라 이해하지 않는다.

그러므로 현대 과학의 설립자로서의 행위는 존재의 감각적인 특성들에 대한 추상화에 있다. 실제로 한 조각의 밀랍을 과학적으로 알기 위해서 나는 소통 불가능한 주관적인 인상들을 초월해야만 하고, 또한 그것의 냄새와 색깔 등을 지각하면서 느낄 수 있어야만

한다. 이러한 다양하고 소통 불가능한 감각들을 떠나서 객관적인 것만을 받아들여야 하는데, 그것은 객관적인 것만이 모든 인식적인 주체들에게 명확하고 뚜렷한 것이기 때문이다. 측정 가능한 것만이 유일하게 이러한 조건을 충족시킨다.

논증적인 필요성을 요구하는 과학은 이처럼 자연의 수학적 처리라는 경향을 갖는다. 데카르트는 경험 없는 물리학을 구상하기에 이르렀다. 자연이 기하학적인 범위로 귀착된 이후로 자연의 특성을 단순한 연역적 추론에 의해 인식하는 것이 가능하게 되었다. 왜냐하면 예를 들어 공간은 무한정으로 분할 가능하고, 그것의 불연속성을 생각할 수 없기 때문이다. 비어 있음은 따라서 있을 수 없는 것이다…….

데카르트식 물리학의 실패들 중 하나인 위의 예는, **과학적인 지식은 만약 그것이 필요하다면, 정신의 선험적인 구축과 비교할 만한 것이 아님**을 보여 준다. 이것은 실상 단순히 경험과는 무관한 외적인 관념들을 **생각하는 것**과 관련된 것일 뿐만 아니라 **인식하는 것**, 즉 경험이 주는 정보에 대한 합리화의 문제이다. 그러나 만약 우리가 돌발적이고 요행수인, 어쨌든 일어날 가능성이 있는 반대 예들로 이루어진 **경험의 분야를 초월할 수 없다면,** 상황들의 우연성과 주관적인 것의 자의성보다 고차원적이고 필연적인 지식에 대한 약속을 지킬 수 있을까?

보편적인 것과 필연적인 것

바로 여기에 과학적 지식의 핵심적인 모순이 있고, 그것의 초월 불가능한 한계 또한 여기에 있다.

사실 과학적인 지식에 대한 가능성의 조건은 보편적이고(모든 가능한 경우에 유효한) 필연적인(불가피한 상관 관계를 묘사하는) 원칙들로 이행할 수 있는 것과 관계된다. 그러나 관찰은 그것이 아무리 많더라도 미래가 필연성에 의해서 그것들과 유사할 것임을 내포하지 않는 원래의 사건들일 뿐인, 그것 자체로 파악된 현상들만을 제공한다. **사실 무슨 명목으로 다가올 경험들이 이미 지나간 과거의 경험들과 유사하리라 장담할 수 있단 말인가?**

첫번째 결론은, 자연이 그 자체로서 안정되고 불변의 구조를 갖고 있음을 아는 것과 관계된다. 유사한 경험들의 축적은 유일한 원인이라는 지표를 제공한다. 그 원인에 의해 반복이 생겨난다. 우선 하나의 가정으로 형성된 그 지표는 여러 가지 다른 경험들에 의해 **확인될** 수 있다. 이렇게 해서 우리는 특정한 경우에서부터——그러한 경우가 많다 하더라도, 그것이 가능한 모든 경우를 다 표상하는 것은 아니다——보편적이고 필연적인 원칙으로 나아가게 되고, 그것은 우리가 **귀납**이라고 부르는 추론에 의한 것이다. 이 방법은 과학자가 기대하는 엄격한 조건을 완벽하게 충족시키지는 않는다. 하나의 법칙은 우리가 그것에 대한 반대의 예가 하나도 없다는 것을 확신할 수 있을 때에만 사실상 보편적이고 필연적인 것이 된다.

따라서 또 다른 해결책이 필요하다. 물리적인 법칙에 관한 필연성과 보편성은 경험에서 나오는 것이 아니다. 그것들은 오성의 **선험적인** 구조이다. 그러므로 현상들이 그러한 규칙성에 연결되어 있는 것처럼 보인다면, 그것은 우리 오성의 특성으로 주어진 것과 다른 방식으로 우리 앞에 나타날 수 없기 때문이다.(칸트를 보시오; 문헌 10)

과학적인 지식은 형이상학적 개념인가?

두 가지 경우에 있어서 과학적인 지식은 형이상학적 유형의 전제를 필요로 한다. 즉 자연의 영원성이나 주체의 정체성의 두 가지 경우에서 그러하다. **과학적인 지식은 오래된 도덕적 환상의 재등장일 뿐이다. 자아는 질서 정연한 자연 속의 한 존재이다.**(니체를 보시오; 문헌 16) 그러므로 자아가 가진 절대적인 객관성이라는 자부심에 의문을 제기할 수도 있다. 철학적인 논쟁을 떠나서 **과학적인 지식은 염려와 관심에 결부된 역사 속에 등재될 것이다.**

하지만 과학적인 지식이 현실로부터 우리에게 인식하게 만드는 것은 무엇인가? 감각적인 특성들과 냄새, 내 시선 아래 펼쳐지는 색채들의 유희를 추상적인 것으로 간주해야 한다는 것을 단번에 받아들일 수 있을까? 사물의 근본은 아마도 유사한 것의 반복에 의해 특징지어질 수 없을 것이다. 모든 살아 있는 존재들의 특성인 과거를 내면화하는 능력은, 미래가 과거와 동일한 것이 될 것을 가능케 하지 않는다. '그 사이에' 변전(變轉)하는 존재는 변화되고, 그에게 어떠한 것도 더 이상 비슷한 것이 될 수 없다.(베르그송을 보시오; 문헌 20) 만약 존재가 창조적인 진화 속에 포함된다면, 과학은 실재의 단순화에 도달할 수 있을 뿐이다.

원자의 중심부 주변에 있는 전자의 움직임처럼, **돌발적인 현상들의 발견과** 특정 분야에 대한 '보편적인' 법칙들이 갖는 한계는 (시간과 공간은 서로 빛의 속도에 대해 독립적이지 않다) **현대 과학으로 하여금 필연성과 보편성의 이상을 부분적으로 포기하게 만든다.** 과학주의의 세기 이후, 과학은 결정적인 설명으로서보다는 잠정적인 해석으로서 더 많이 받아들여진다.

의 식

의식과 통찰

여우는 까마귀에게 아첨을 한다. 하지만 까마귀는 그러한 아첨에 대해 의식이 없다. 그것을 깨닫지 못한다. 아첨은 그것이 알아차려지지 않았다 하더라도 그 효과를 만들어 낸다. 상대방을 웃음거리로 만들거나 뒤흔들어 놓기 위해 자신을 드러내는 것으로 끝나는 빈정거림과는 달리, 아첨은 어떠한 표지도 제공하지 않는다. 까마귀는 일어나는 일을 알아차리지 못하고, 따라서 대응책을 찾지 못한다.

우선 '알아차리는' 능력인 의식은 적절한 반응으로써 겉으로 드러난다. 이러한 맥락에서 의식은 금방 일어났던 과거를 기억하고, ——만약 우리가 한 동작이 끝나기도 전에 그 처음이 어떠했는지를 잊어버린다면, 어떻게 동작을 알아차릴 수가 있겠는가?——임박한 미래를 예견하는 능력을 전제로 한다.(베르그송을 보시오; 문헌 20) 의식은 인간의 속성이라기보다 한 존재 안에서 과거에 대한 내면적인 동화를 증명하는 사건들에 대하여 적응이 일어나는 즉시 드러난다. 반대로 무생물은 스스로에게 어떤 일이 일어나는지 알지 못하는데, 그 이유는 사물들 스스로 어떤 자극으로부터 아무것도 이끌어 낼 줄 모르기 때문임을 우리는 알고 있다.

우선 '통찰력'으로 생각되는 알아차리는 능력인 의식은, 그것이 발전해 가는 간단한 과정에 따라 여러 상이한 형태를 갖는다. 알아차린다는 것은 발생하는 일을 '정신 속에 보유하는 것'을 의미한다. 하지만 나는 내가 정신 속에 무언가를 가지고 있다는 사실을 정신 속에서 보유할 수 있다. 또한 내가 알아차리는 것을 나 자신이 느낄 수 있다. 이러한 이중성은 무한정 있을 수 있다. **~한 것을 내가 알아차리는 것을 내가 알아차림을 내가 안다**……**등.** 여기에는 더 이상 한 가지 단순한 행위만이 있는 것이 아니라, 하나의 진정한 **반성**이 있는 것이다. 이 반성이란 단어는 시각에 관련된 어휘로부터 온 것으로, 빛나는 광선을 그 원천으로 돌려보냄을 의미한다. 여기에서 반성은 정확하게 자기 자신에게로 돌아감을 의미한다. 의식의 특징인 이 작업은 원래 도덕적인 경험에서 작용한다.(칸트를 보시오; 문헌 12) **의식의 시험**에 있어서, 나는 나의 행위를 마치 그것이 내 앞에 있는 것처럼 포착한다. 나는 타자처럼 되고, 내가 그에 대해 말하며, 그를 판단할 수 있다.

이와 같은 이중 작업이 일어나고, 그 중 '하부에 자리잡은(sub-jacere)' **주체**는 그 자신에게 있어서 '정면에 놓여진(ob-jectum)' 하나의 **대상**이다. 주체는 자기 자신을 대상으로서 재현할 수 있다. **통찰, 즉 의식은 반성인 동시에 재현이다.**

의식의 기능

그러므로 의식은 언제나 즉각적으로 주어지는 것을 넘어서 있다. 반성이 가능하면서, 나는 내가 속해 있는 현실과 하나가 될 수 없는 구속으로서 존재한다. **사물들은 결코 단순하지 않다. 왜냐하면 그것들은 나에게 사고의 대상이기 때문이다.** 내가 그것들을 알아차린다는 맥락하에서 나는 그것들을 수동적으로 받아들이지 않는다. 나는 그것들에 대해 의심할 수 있고, 다시 말해서 그것들의 실제 존재와 내가 가진 그것들에 대한 표상을 구분할 수 있다. 따라서 의식을 타고난 존재는 사물들 중의 하나가 될 수 없다. **의식은 전복적이다.** 의식에 의해 '실재'는 언제나 다시 문제화되기 쉽다. 사물들은 단순하게 '자신 안에' 있을 수 없다. 사물들은 '나를 위해' 사유와 의심과 감상의 대상이다. **따라서 의식은 자유의 기본이다.** 의식이 잠들고, 습관과 일상에 자리를 내어줄 때에만 자유가 흐려진다.(베르그송을 보시오; 문헌 20) **반성으로 이해된 의식에 내재한 비판적인 요구 조건은 의식으로써 진리 탐구의 토대를 마련한다.** 반성은 증명 없이는 아무것도 인정된 것으로 받아들일 수 없다. 수동적으로 받아들이는 것에 만족하는 것은 감각밖에 없다. 개는 스스로를 둘러싼 주변의 일을 알아차리지만, 자신이 알아차린다는 것을 알아차리지 못하기 때문에 개는 의문을 가질 수 없다. 왜냐하면 내가 안다고 생각했던 것을 내가 알지 못함을 알아차렸다고 내가 말하는 것에 대해 내가 반성하기 때문이다.(플라톤을 보시오; 문헌 1) 따라서 나는 충분하게 확실한 것만을 진실로 받아들일 수 있다.(데카르트를 보시오; 문헌 5)

　따라서 의식은 주체와 그 능력의 토대이다.

　그러나 이러한 의식의 최고 권위는 두 가지 유형의 근본적인 이의(異意)와 대항해야 한다.

의식, 환상인가?

　만약 경험이 무의식적인 사고의 존재를 확신한다면(프로이트를 보시오; 문헌 19), 이는 우선 내 안에 내가 알아차릴 수 없는 의도가 있다는 것을 말한다. 의식은 더 이상 자유의 기초가 될 수 없고──내가 결정되어 있으므로──진리의 기초가 될 수도 없다──내가 말하는 것은 잠재적인 욕망에 의해 나온 것이지, 내 바깥에 있는 어떤 대상과의 사심 없는 교류에 의해 나온 것이 아니므로.

게다가 내가 나 자신을 자기의 존재에 대해(데카르트를 보시오; 문헌 5) 확신하는 주체로서 여기게 하는 반성은 정확한 것이다. 만약 의식이 단절성을 갖는다면, 어떻게 내가 나의 반성의 행위들 속에서 동일한 자로 남아 있음을 이해할 수 있겠는가? **나는 과연 동일자인가?**

여기에 공상적인 무언가가 있지는 않은가?(니체를 보시오; 문헌 16)

그러한 반발들을 극복하기 위해서는 의식 그 자체에 대한 분석을 재개해야만 한다. 의식의 첫번째 특징은 알아차리는 능력이다. 의식은 알아차리지 못하는 자유는 갖고 있지 않다. 반대로 그것은 어떤 것에 대해 주의를 기울일 수도 있고, 기울이지 않을 수도 있다. 의식은 생각할 수 있다. 이처럼 주체를 구성하는 의식의 계속적인 활동은 있으나, 주체는 의식에 대한 기억을 갖지 않는데, 왜냐하면 주체는 그 순간에 대해 주의를 기울이지 않기 때문이다. "우리가 생각하는 그 당시에 우리의 사고에 대한 의식을 갖는 것은 다른 문제이다. 또한 사후에 회상하는 것은 또 다른 문제이다."(데카르트, 《아르노에게 보낸 편지》, 1648) **그러므로 즉각적인 의식과 반성된 의식을 구별해야 한다.** 반성은 나를 생각하는 주체로 창조하지 않는다. 반성은 사고를 활성화시키면서 나에게 생각하는 주체에 대한 확신을 제공한다.

사실 중간적인 상태가 있을 수 있는데, 그 속에서 나는 나 자신에 대한 명확한 의식 없이 주변 세상을 인식한다.

만약 우리가 반성되지 않고, 금방 잊혀지는 의식을 인정할 수 있다면, 반대로 거기에서 무의식적인 반성은 가질 수 없다. 내가 나 자신을 대상으로서 포착할 때, 나는 동시에 나를 무시할 수 없다.

따라서 우리는 무의식적인 것을 즉각적인 사고나 육체에 제한하여야 한다.(데카르트를 보시오; 문헌 7) 내가 알아차리지 못한 채 내 속에서 일어나는 것은, 즉시 잊혀지는 생각이나 혹은 육체의 기능이다.

모순적이게도 이처럼 의식은 심적 생활에서 육체의 역할을 복권시키고, 여러 가지 단계를 인정함으로써만 의식의 최고 권위를 수호할 수 있는 것이다.(무의식 부분을 보시오)

권 리

나는 권리를 가진다

권리와 사실. 권리의 절대성

권리에 대한 언급은 언제나 말을 전제로 한다. 그것은 우선 판단에 속한다. "너는 권리가 없다." "나는 권리를 가진다." 이런 표현들 속에서는 **있는 것**과 **있어야 하는 것을 비교하는 것**이 문제이다. 사실이 절실히 요구된다. 원인들에 의해 생겨나는 사실은 언제나 설명 가능하다——사실의 존재는 이론의 여지가 없는 것이다. 힘은 이처럼 언제나 일정한 권위의 형태를 갖는다. 즉 "그것은 논쟁할 문제가 아니다." 하지만 정확하게 말해서, 권리에 대한 논의는 자신의 유일한 현존만으로 입지를 굳히려 하는 것의 정당성에 이의를 제기하는 데에 있다. 물리적인 필요성은 그것 이외의 어떤 다른 것도 증명하지 못한다.(루소를 보시오; 문헌 9)

이러한 맥락에서 권리는 언제나 일정한 이상성을 가진다. 그러한 이상성 때문에 덕성으로 자신의 나약함을 감추기 원하는 무능력자들의 환상에 속하는 것처럼 보일 수 있다.(니체를 보시오; 문헌 15와 16)

하지만 권리는 **비판적인 가치를 지니는 하나의 절대로서 나타난다.** 권리를 언급하는 것은, 사실로 이루어진 현실 한가운데서 받아들여질 수 있는 것과 그렇지 않은 것을 구별하는 것이다. 그러므로 안티고네는 크레온에게 저항한다. 그는 가족 일원의 장례를 금지할 권리를 갖고 있지 않다.

권리는 이처럼 **하나의 행위를 정당화하고 기초하는 이상적인 규범**으로 나타나고, 그것은 이미 정립된 법과 독립적이다. 나는 나의 정당한 권리 속에 있을 수 있고, 법과 대립적인 위치에 있을 수도 있다. 나의 행위는 나에게 절대적인 이상적 규범과 조화하여 **정당한** 것으로 보이지만, 제도적인 법률에 근거하면 그것은 **합법적**이지 않다.

권리는 실상 법률과 구별될 수 있다. 만약 특별한 사례가 아니라면, 법이 인정하지 않는 권리를 요구하는 것은 불가능할 것이다. 예를 들어 자신의 저작물을 출판할 수 있는 권리는 체계적인 방식으로 검열을 행하는 국가에서조차 존재한다. 그것은 인간 개인의 존엄성을 참조로 하여 추상적으로 존재한다.

하지만 제도화되지 않아서 우리가 '자연적인' 것으로 부르는, 그러한 이상적인 권리는 긍정적이고 제도화된 법률에 의해 **인정될** 때에만 효력을 가질 수 있다. 사실 권리는 단순하게 가치 판단을 위해서만 요구되어지는 것이 아니라, 현실을 관념과 일치시키기 위해서도 필요하다. 권리는 **어떤 행위의 가능성을 보장하는 참조로서** 정의될 수 있다. 권리는 그 자체만으로 이상적인 것으로 한정될 수 없고, 일정한 효력을 가져야만 한다.

권리와 힘. 정치적인 현실 권리

우리는 여기에서 진정한 모순을 발견한다. **권리는 힘을 배제하고, 또한 동시에 힘을 상정한다.**

권리는 그것이 가능한 행위들을 보장한다는 맥락에서 힘과 대립된다. 효율성의 이름하에, 어떤 행동이 필요한 것이 될 거라는 이유로 권리가 순수한 강제권을 사용하는 것은 모순적인 것이 된다. 권리의 관계는 정확하게 그 결과가 지성과 의지의 중재를 상정한다는 점에서 사실의 관계와 대립된다.(루소를 보시오; 문헌 9)

하지만 권리는 연약하고 위협받는 유형의 행위를 보장하는 목적을 갖는다. 사법적인 법규는 따라서 위반 사항들을 제재하기 위해 힘을 필요로 한다.

그렇다면 이것은 힘의 이데올로기적인 가면이 아닌가? "가장 힘센 자는 만약 그가 그의 힘을 권리로 변화시키지 않고, 복종을 의무로 변화시키지 않는다면, 언제나 결코 주인이 될 만큼 충분히 강하지 않은 것이 아닐까?"(루소) 결코 제외시켜서는 안 되는 것인 이러한 가정은 하나의 이의와 맞부딪친다. **즉 권리는 본질적으로 힘의 성질을 변화시킨다.** 권리는 위반을 제재하기 위해 힘을 사용하지만, 행동의 동기로서 힘을 사용하지는 않는다. 힘은 따라서 균형잡힌 것이고, 힘의 사용은 공정한 권력에 의해 공표된다.

권리는 따라서 상호 개인적인 관계들을 필연적으로 지배하는 힘의 관계에 상위하는 **공공의 권력을 상정한다.** 존중이 보장되지 않는 권리가 무슨 소용인가? 또한 권리 주체들이 공동의 권리에 복종하지 않는다면, 권리의 존중이 어떻게 보장되겠는가? 만약 실제로 법이 모든 사람에게 적용되지 않고, 아무도 그것을 존중하지 않는다면, 우리는 권리에서 힘으로 지체 없이 이행하게 된다. 따라서 여기에서 **권리는 공공 권리에 의해 보장된 긍정적인 법률 없이는 존재할 수 없는 것처럼** 보인다.

권리와 의무

따라서 권리는 개인들이 법에 복종한다는 조건하에서만 존재한다는 것을 지적해야 한다. 자유롭게 나다닐 수 있는 나의 **권리**는, 나와 다른 사람들을 위해 이러한 행동을 가능토록 해주는 사법적인 조건들을 존중해야 하는 나의 의무와 상관 관계에 있다. 권리는 따라서 순수하게 개인적인 요구처럼 여겨져서는 안 된다. 권리가 있음은 사회라는 전체적인 체계를 전제로 한다. 권리는 의무와 매우 밀접하게 연관되어 있다. 나는 모두에게 절대적으로 요구되는 규범의 존중과 복종에 대한 나의 능동적인 태도로 권리 관계를 가능하게 만든다. 용어의 엄격한 의미에 따르자면, '의무'는 '당연히 해야 할 것'을 의미한다. 개인으로서 나는 나의 권리들을 보장해 주는 국가에 법률의 존중이라는 빚이 있다. 권리는 따라서 정의와 관련된다. 권리는 교환 관계를 설정하고, 그 속에서 각자는 개인으로서, 동시에 전체의 일원으로서 인정받을 수 있다.(문헌 3을 보시오)

따라서 나의 **권리**는 전적으로 **당연히 받아야 할 빚**은 아니다. 우리는 어떤 시민이 그의 의무를 다하지 않았을 때, 그로부터 정치적인 권리를 박탈할 수 있다.

이러한 권리의 특성은 '~을 피할 수 없는 **권리**'가 '~을 할 수 있는 **권리**'를 대체한 이후로 희미해지는 것처럼 보인다. 즉 실질적인 부담에 대한 요구가 가능한 행위의 보장을 대체한다. 이러한 유형의 권리가 개인과 국가 간의 관계를 뒤집는다. 국가에 대해 빚을 지고 있는 것은 더 이상 개인이 아니다. 그 반대이다. 국가가 개인에게 부가한 구속들의 보충으로서, 국가는 개인에게 일정한 양의 서비스를 제공해야 할 것이다. 두 가지 논리를 근본적으로 대립시키는 것은 너무나 간단하다. 인류의 의무는 위급시의 기본적인 도움으로 이어져야 하는 **얼마간의 존중심을 필요로 한다.** 만약 권리가 힘과의 동시적이고 단순한 관계에 대립한다면, 권리가 그러함을 보여 주어야 하는 것은 정확히 유사한 경우에 있어서이다. 하지만 '~을 피할 수 없는 권리'에 주어진 우선권은 사실상의 포기로 이어진다는 데에 위험성이 있다. 이 논리대로라면, 실상 채권자의 입장에 선 개인은 누군가가 자신의 빚을 갚아 주기를 기다리기만 하면 된다. 소비를 위해 정치적인 자유를 몰수한 한 국가의 후원자 격의 권력은 이러한 유형의 권리와 매우 잘 어울린다.(토크빌을 보시오; 문헌 14)

역 사

이야기 같은 역사

'빨간 모자 이야기' …… 이야기란 단어는 우선 어떤 줄거리와 연결되어 있다. 담론에 의해서 사건의 정렬된 전개가 존재하기 시작한다. 청취자는 자신의 상상력으로 마음껏 빠져든다. 언어는 여기에서 하나의 세계를 창조하는 힘을 갖고 있다. 주인공의 죽음은 어린아이에게서 눈물을 뽑아낸다.

이야기들은 이러한 의미에서 참도 아니고 거짓도 아니다. 그것들은 어떤 현실과의 일치를 고집하지 않는다. 이야기는 이야기 자체로서 가치를 갖는다. 오락적이거나 감화적인 이야기의 기능은 실제적인 '사건들' 과의 관계와는 무관하게 채워져 있다.

대학 교육 과목으로서의 역사는 반대로 인류 과거에 대한 객관적인 지식을 필요로 한다. 현실과 역사의 일치는 역사에 있어서 핵심적이다. **역사에게 있어서 언어는 있지 않은 것을 있게 만드는 수단이 아니라, 정반대로 있었던 것을 들춰내는 것이다.** 역사는 이렇게 일정한 객관성에 도달하기 위한 과정들을 만들어 낸다. 지질학·화학·고문서학과 같은 여러 상이한 학문들과의 화합, 이미 존재하는 사료 편찬과의 충돌 등. 일정한 수준에 이르기까지, 역사는 과학자와 동일한 객관성을 추구한다. 19세기초에 오귀스트 콩트[6]는 역사를, 경험의 대상인 실증적인 **사실**들을 지배하는 **법칙**들을 발견하는 것이 목표인 학문으로 생각하였다. 그 세기의 보다 후대에, 텐(《현대 프랑스의 기원》)[7]과 르낭(《기독교 기원사》)[8]은 자연의 결정론을 인간 연구에까지 확장하였다.

역사적인 지식의 모순들

그러나 이러한 야심은 두 가지 본질적인 난관에 봉착한다. 과학적인 계획은 필연적이고 보편적인 법칙을 목표로 한다. 그러나 역사적인 사건들은 독창적이다. 역사적 사건들은 그 외형과는 달리 반복되지 않는다. 역사에서 반복은 사실 전혀 역사적이지 않다. 그것은 인간 행동의 독립적인 요소들에 기인한 것이다. 예를 들어 러시아에서 나폴레옹과 히틀러가 겪은 패배는 본질적으로 기후 때문이었다. **자연은 반복된다.** 따라서 인간은 동일한 요구 조건들을 필요로 하고, 추위로 고통받으며, 또다시 죽어간다. 하지만 인간들이 처한, 그리고 그들이 만들어 내는 정치적·문화적·이데올로기적인 상황들은 변화하는 법이다.

게다가 역사가는 그 대상에 대해 중립적일 수가 없다. 과거는 현재의 중심 과제와 독립되어 있지 않다. 예를 들어 프랑스 혁명이 '하나의 정치적 진영'인지 아닌지를 판단하는 문제는 현재의 이데올로기적 선택에 달려 있다. 자유주의자는 1789년의 정신이 1793년의 공포 정치의 편류에 의해 부패하였다는 견해에 대해서 그렇지 않다고 말할 것이다. 반대로 자코뱅파 공화주의자들은 1793년에서, 1789년이란 작품의 완성을 볼 것이다. 민중이 최고가 되기 위해서는 왕이 죽어야 했던 것이다.

이러한 모순에 대한 첫번째 답은 역사가의 주관성의 무게를 인정하는 데에 있으며, 그것은 역사가를 비판적인 퇴보와 더불어 활용하기 위함이다. 현대의 일부 역사가들은 이러한 의미대로 나아가, 역사에 대한 '과학만능주의자'의 개념에 대해 다시금 의문을 제기한다.(예를 들자면 H. I. 마루의 《역사적인 지식에 대하여》[9])

하지만 이 대답도 문제를 부분적으로만 해결해 줄 뿐이다. 만약 역사적인 사건이 법칙들로 쉽사리 귀결되지 않는다면, 만약 역사가들이 중립적일 수 없다면 그것은 역사라는 것이 매우 특별한 연구 대상이기 때문이다. 현재에서 바깥으로 멀어질 수 없고, 그 자체로서 실체인 그 대상은 스스로 보존된다. 그것은 일정한 방식으로 현재를 이루는 데 기여한다. 실상 과거는 스스로 보존된다.(베르그송을 보시오; 문헌 20) 그러므로 **역사를 이해하기 위해서는, 그 대상을 이해해야 한다. 즉 변전하는 것을.**

변 전

'역사'라는 단어는 그것 자체가 모호하다. 그것은 과거의 이야기와 시간 속에서 이루어지는 현실 그 자체를 동시에 의미한다. 후자의 의미로서 다음과 같은 형태의 표현들이 포함된다. "이 악수는 역사에 속한다." 현재는 따라서 어떤 **과정**의 완성이고, 그 과정은 뒤이어 새로운 사물들의 순서를 만들어 낸다.

이러한 개념은 개인에게 있어서 하나의 현실을 의미한다. 진리에 대한 탐구는 정신의 '모험'을 전제로 한다. 우연적인 가정들 속의 실패로부터, 주체는 그가 겪은 모든 것에서 교훈을 얻어내면서 앎에 도달하게 된다.(플라톤을 보시오; 문헌 1)

역사의 특수성은 집단적인 변전으로 존재한다는 것이다.

여기에 바로 그 개념의 주요한 문제점이 있다. 나의 과거가 나에게 각인되어 있다는 것은 이해하기 쉽다.(프로이트와 베르그송을 보시오; 문헌 19와 20) 하지만 어떻게 망각 속에서 잊혀진 먼 과거가 나의 현재와 관련되어 있다는 것을 이해할 것인가?

각 개인은 각자 고유한 역사를 갖고 있으며, 특정한 목표를 겨냥하고 있는 듯이 보인다. **그렇다면 어디에서 집단적인 변전의 통일성을 찾아야 하는가?**

개인적인 행동들이 개인을 초월하는 결과들을 가질 수 있음을 지적해야 한다. 예를 들어 사회적으로 입신양명하려는 의지는 잠재력의 개발에 의해 가능해진다. 그것은 발전의 역동성을 만들어 낸다.(칸트를 보시오; 문헌 13) 인간은 그러므로 역사적인 존재이다. 역사적인 존재는 기억 속에 보존되어오고, 언어와 제도에 의해 전해 내려온 집단적인 경험의 산물이다. 따라서 변전의 **의미**를 그리는 경험들의 축적이 있는 것이다.

이처럼 과거에 대한 의식은 변전의 존재를 가능하게 만든다. 여기에서 모든 과거에 대한 의식은 사라지고, 역사는 존재할 수 없게 된다. 즉 역사는 무의식적인 변화인 '**진전**'에 그 자리를 양도한다.

'역사'라는 단어의 두 가지 의미가 여기에서 그 통일성을 갖는다. **이야기로서의 역사는 변전에 대한 이해이다. 하지만 이야기인 한, 역사는 기억을 유지하면서 변전을 가능하게 만든다.**

역사 속에 존재한다는 것, 그것은 따라서 과거에 빚을 진 것이 되고, 관념이란 절대적인 것이 아니라 하나의 생성 속에 **위치해** 있을 뿐임을 아는 것이다.

이처럼 역사는 이의 제기되기 쉬운 실천적인 논리적 귀결을 갖는다. 첫째, 역사는 실상 개인이 물려받은 과거에 대한 빚을 전제로 한다. 하지만 스스로 고유한 지식의 저자(데카르트를 보시오; 문

헌 5), 혹은 자기의 고유한 가치의 창조자(니체를 보시오; 문헌 15)
가 되기 위해서는 물려받은 것의 무게를 뛰어넘을 줄 알아야 한다.

둘째, 역사적인 변전은 모든 현실을 어떤 시기와 연관지어 해석
하려는 경향이 있다. 하지만 역사적이지 않은 절대적인 것도 있을
수 있다. 정의와 불의, 권력과 권리 사이의 대립은 역사적인 맥락
이 어떻든지간에 유효한 것이다.(플라톤과 루소를 보시오; 문헌 3과
9) 흥미와는 상관없이 취향에 대한 판단은 역사적으로 위치시킬 수
없다. 그것은 보편적인 것이다.(칸트를 보시오; 문헌 11)

무의식

무의식적인 것인가, 무의식인가?[10]

형용사형과 명사형

형용사 앞에 있는 정관사는 언제나 중립적이지 않은 의미의 변화를 표시한다. '무의식적인 것'은 사실 우선 주체로부터 '달아나는' 생각들과 행동들을 규정하는 형용사이며, 주체는 그러한 생각들과 행동들에 대해 진정한 주인이 아니다. 이러한 의미에서 **'무의식적인 것'은 자동적인, 지각 없는, 비자발적인 것과 동의어가 될 수 있다.** 이 용어는 일정한 단위를 갖지 않는다. 그것은 행동의 가지 수만큼이나 많은 형태를 갖는다. 무의식적인 동작, 무의식적인 몸짓 등이 있다. 무의식적인 행동을 '의식하기' 위해서 간혹 타인의 충고가 소중하다. 주체는 이런 식으로 그에 대한 것을 더 많이 인식하게 된다.

이러한 의미에서 무의식적인 것은 사실상 의식과 대립되지 않는다. 내가 '인식하는' 능력은 무한한 확장성을 갖지 않는다. 그것은 일정한 정도를 갖는다. 나는 모든 것을 동일한 순간에 인식할 수 없다. **전체적인 의식이란 내게 있어서 불가능하다.** 내가 어떤 것에 대해 인식할 수 있다는 것은, 정확히 말해서 내가 모든 것을 동시에 인식할 수 없기 때문이다. 모순적이게도 의식은 기억이라는 무의식적인 특별한 종류에 의해 구성된다. 일정한 양의 감흥이나 경

험, 사유들은 지금 현재 내 머릿속에 존재하지 않는다. 하지만 그
것들은 지금 존재하는 것에 주의를 기울이도록 허락한다. 사실 뒤
이어 나올 것을 인식하기 위해서는 내 안에 그전 순간에 대한 기억
을 갖고 있어야 한다. 하지만 이 과거의 보존은 명료한 의식의 대
상이 아니다. 비록 그것이 대부분의 경우에 명료한 것이 될 수 있
더라도 말이다.

진정한 의식의 반대는 따라서 무의식이다. 즉 그것은 더 이상 없
는 것을 잡아두지 못하는 것이고, 아직 있지 않은 것에 대해 예상
하지 못하는 것이다.(베르그송을 보시오; 문헌 20)

내 안의 다른 나

정신의 무의식적인 것

그렇다면 왜 우리는 종종 의식에 일반 명사화된 무의식적인 것
을 대립시키는 걸까?

일상적인 경험은 간혹 불안정하다. 하나의 일관되고 자유로운
사람으로 존재한다는, 내가 가질 수 있는 느낌은 무너졌다. 나는
'마치 우연에 의해' 내가 무척이나 두려워한 시험이 시행되는 장
소로 나를 인도할 기차를 놓친다. 이러한 유형의 상황에서, 모든
것은 마치 결국엔 내가 원하지 않았는데 일부러 그것을 행한 것처
럼 진행된다. 마치 '내 잘못이' 아니면서 그것을 하기 원했던 것처
럼 된다. 여기에서 나는 **내 자아가 그다지 단순하지 않으며, 애초
에 그렇게 보였던 것과 같지 않다는** 표지를 지닌다. 무의식적인 것
은 나를 빠져나가는 것이라는 단순한 특징 이상이 될 수 있다. 여
기에 내 의견을 묻지 않는 실제적인 논리와 함께 전개되는 잠재된

의도와 전략이 내 속에서 드러난다. 무의식적인 것은 따라서 하나의 명사로 받아들여져야 한다. 그것은 **나를 결정짓는 내 안의 자아**인 감추어진 이 생각을 가리킨다.(프로이트를 보시오; 문헌 19)

이러한 현실은 두 가지 주요한 결과를 갖는다. 우선 나는 실제로 자유롭지 못하다. 실상 자유가 원인이 무엇인지를 알고, 자기 행동의 주인이 되는 능력을 상정한다면, 내가 모르는 동기를 갖고 있는 나의 행동들에 대해 나는 더 이상 주인이 아닌 것이다. 게다가 내가 하는 모든 것은 어떤 의미를 갖는다. 내 행위 속에 우연은 없다. 심지어 너무나 대수롭지 않은 몸짓도, 예를 들어 턱수염을 문지르는 것도 어떤 충동을 우회적인 방식으로 만족시키는 것이거나 혹은 상징적인 방식으로 어떤 것을 의미하는 것이다.

인간은 이처럼 물질적인 인과성에서 벗어난다.──육체는 생각 없이 얻어진 결과가 아니라 잠재적인 전략에 의해 가공된 기호인 행동을 결코 실제로 설명해 주지 않는다. 하지만 동시에 인간은 더 이상 자신의 것이 아니다. 자신에 대한 의미는 타인인 정신분석가에 의해 해석되어야 한다.

따라서 무의식적인 것은 가공할 만큼 **전복적인 힘을 갖고 있다.** 그것은 자아와 자유라는 고전적인 철학의 전제들을 뒤엎고, 현실에 대한 체계적인 독서를 필요로 한다. 실상 무의식적인 것은 인간 생산물의 원천으로 거슬러 올라가 그 계보학을 만들게 한다. 어떠한 것도 이처럼 잠재적인 의미의 해석을 피해 가지 않는다. 종교는, 예를 들어 후견의 힘에 대한 욕망인 아버지의 욕망을 충족시키는 것에서 파생된 하나의 수단으로 해석될 수 있다. 마찬가지로 예술도 욕망과 무관하지 않다. 예술가는 상징적인 방법으로 충동들을 만족시키고, 그것들을 복종시키기 위해 무의식적으로 불안감을 외면화한다.

절대적으로 결정적인 원칙으로 규정된 무의식적인 것은, 따라서 인간에 대해 '과학적으로 작업하도록' 해준다. 그것은 본질적으로 모든 것을 명령하고, 따라서 모든 것을 설명하는 본연의 성향으로 특징지어진다. 여기에서 우리는 이러한 경향이 무의식적인 것 그 자체에 의한 것인지, 혹은 우리가 그것에 대해 말하는 담론에 의해 기인하는 것인지를 자문해 보아야 한다.

무의식적인 것은 내 육체인가?

자유를 외치는 생리학적 무의식적인 것

경험은 내가 의미 작용에 완전하게 복종하는 존재가 아님을 보여 준다. 나의 육체는 내가 주인이 아니고, 내가 고통스럽지 않은 한에서 나의 의식을 빠져나가는 어떤 작용이 있다. 예를 들어 혈액의 순환은 무의식적인 것이며, 의미 작용에서 벗어나 있다. 혈액의 순환은 필수적이고 맹목적인 법칙에 종속된다. 이런 유형의 현상은 우리가 '생리학적 무의식적인 것'이라 부를 수 있는 것에 속한다.

이러한 현상들의 질서는 의식의 생활에 있어서 외면적인 부분일 뿐이다. 즉 마그네슘과 철분의 결핍은 쇠약 상태를 야기할 수도 있다. 그러한 경우 드러나는 것들은 어떤 것을 의미하려는 숨겨진 의도에 의해 생겨나는 기호들이 아니라 단순한 기계적인 결과들이다. 따라서 내가 주인이 아닌 채로 내가 생각한 바는, 나 없이 내 안에서 무언가를 생각하는 숨겨진 영역으로부터 기인하는 것은 아니다.

이 설명은 이성을 만족시키고 주체의 권위를 회복시키는 이중의 장점을 가진다. 첫째로, 실상 그러한 설명은 정신과 물질에 어떤 원칙을 부가함이 없이 무의식적인 현상들을 이해할 수 있게 해준다. 다른 한편으로, 그러한 설명은 주체가 자신에게 일어난 일에 대한 제어를 할 수 있음을 이해하게 해준다. 만약 무의식적인 것이 정신에 대한 육체의 부당한 우선권에서 기인한다면, 이러한 관계를 뒤바꾸는 것으로 충분하다.(플라톤을 보시오; 문헌 3)

이러한 상황에서 무의식적인 것은 여전히 어떤 특수성을 가지는 걸까? 우리는 전복적인 숨겨진 생각과 내용 없는 육체의 단순한 결과 사이에서 선택을 해야 하는 것인가?

언어 활동

"그들에게 부족한 것은 오직 말이다……"

동물 언어에 대한 매혹

돌고래의 언어에서 꿀벌의 언어에 이르기까지, 그러한 예들은 동물 언어 활동의 현실을 그리는 데 부족하지 않다. 대부분의 동물들은 실제로 '자신을 이해시키는' 능력을 갖고 있다. 그들은 지금 있지 않은 것을 상기할 줄 안다. 즉 먹을 것에 대해 묻고, 상이한 기호들로 그들의 기쁨과 감사를 '증명할' 줄 안다.

여기에서 우리는 언어 활동의 질서에 속해 있다. 그것은 '의미하기'에 관한 것이다. 즉 스스로 드러나지 않는 현실을 우회적인 방식으로 보여 주는 것이다. 언어 활동은 실제로 치환의 유희를 전제로 한다. 어떤 것, 예를 들어 꼬리의 움직임은 다른 것, 즉 만족감 혹은 위협을 의미한다. **언어 활동은 기호와 함께 시작하고,** 이러한 현실은 자기와는 다른 것을 가리키는 특성을 가진다. 하지만 반대로 **기호는 언어 활동과 상관없이 존재할 수 있다**는 것을 지적해야 한다. 저녁에 하늘이 붉은 것은 다음날 날씨가 좋을 것이라는 징조이다. 하지만 여기에서 언어 활동에 속하는 어떠한 것도 명확히 없다. 하늘의 상태는 나에게 있어서 내가 해석할 수 있게 해주는, 내 인식의 힘에 의한 하나의 기호일 뿐이다. 따라서 어떤 현실이 그것과 다른 것의 증인으로 사용되기 위해서는, 관찰자가 그 현실이 그것만으로 부족하다고 여겨야 한다. 땅 위의 손수건은 하나의 **기호**가 아니라 원인들에 의해 생겨난 하나의 **사실**이다. 이 사실이 데스데모나의 불성실의 기호로 받아들여지게 된 것은 바로 오셀로[11]의 근거 없는 의심에 의해서이다.

기호는 그것이 의도적으로 사용되었을 때 언어 활동에 속한다.

언어 활동은 따라서 기호들을 해석하는 **나를 위한** 기호뿐만 아니라, **그 자체로서의** 기호를 상정한다. 그러나 이것만으로는 언어 활동을 정확하게 특징짓기에는 충분하지가 않다.

말은 오직 인간에게만 적합하다

실제로 성상화된 상징적 언어 활동인 동물의 언어 활동과, 단어에 의해 이루어지는 언어 활동 간에는 본질적인 차이가 있다.

기호들은 그것이 가리키는 현실의 유형과 양태에 따라 구별될 수 있다. 동물 언어 활동의 기호들은 추상을 의미하지 않는다. 동물의 기호는 어떤 행동의 기원이나 끝에 위치한다. 꿀벌은 그의 동료들이 먹이를 얻을 수 있도록 그것의 위치를 가르쳐 준다. 개는 만족의 표시로 꼬리를 흔든다. 여기에서 기호는 "어떤 정열과 연관된다."(데카르트를 보시오; 문헌 7) 또한 기호의 양태는 본능적이다. 기호의 '의도'는 개인의 '의지'보다는 종의 구조에 더 연관되어 있다. 춤은 분명 **'그 자체로서'**는 기호이지만, 그것은 꿀벌들의 생태적인 유전 인자 속에 기록되어 있다. 이러한 양태는 결정되어 있고, 그것은 육체의 구조와 연결된다. 따라서 반사를 조건지으면서 기호의 다른 유형들을 주입시키는 것은 가능하다. 까치는 주인에게 인사를 할 수 있다. "까치가 인사말을 했을 때 맛있는 것을 주는 것을 습관화시킨다면, 그것은 먹을 것이 생긴다는 데 대한 희망의 움직임일 것이다." 이런 경우 우리는 기호보다는 신호라고 말할 것이다. 여기에서 기호는 어떤 행동을 개시하게 만드는 것이다. 대중의 의사 소통을 위한 언어 활동은 대부분 이 모델에 입각하여 기능한다. **어떤 슬로건이 주는 충격은 행동적인 효과와 비등하다.**

상징의 언어 활동은 전혀 다른 것이다. 영상은 유사성의 관계에 의해 어떤 생각을 가리킨다. 저울은 두 부분간의 균형을 상기시키므로 정의를 의미한다. 여기에서 관계는 효율적인 것이 되기 위해서 **이해되는** 것을 필요로 한다. 기호는 성찰과 자신에게로의 회귀를 상정한다. 그것은 더 이상 하나의 원인과 유사하지 않다. **단어**는 상징을 초월한다. 상징처럼 단어는 하나의 생각을 가리키지만, 관계는 상기시키는 것 안에 있지 않다. 단어는 그것이 의미하는 것과 전혀 닮지 않았다. 그 둘의 관계는 **자의적**이다. 그러므로 관습의 인식에 의해서 이처럼 단어는 나에게 어떤 의미가 될 수 있다.

인간의 언어 활동은 따라서 본질적으로 합리화되어 있고, 추상적이다. 하나의 단어로 어떤 대상을 지적하는 것은, 그 사물이 그 단어가 가리키는 생각과 일치한다는 점을 인정하는 것이다. 예를 들어 미덕의 행위를 지적하는 것은 하나의 단순한 묘사처럼 보인다. 하지만 그것은 내가 미덕을 인식하지 않을 때조차 머릿속에 갖고 있는 그것에 대한 일반적인 생각에 근거할 경우에만 가능하다.

언어 활동, 진리, 힘

단어와 규칙의 비인칭 체계로 이루어진 **언어**의 개인적이고 사고화된 완성체인 **말**은 따라서 실재와 복합적인 연관을 상정한다. 내가 말을 하는 순간부터 벌써 나는 생각을 통해 사물에게로 이른다. 하지만 과연 "내가 사물에게로 이른다"라고 말할 수 있는 것일까? 단어는 사실 일반적이고 안정적인 생각들을 상정한다.(플라톤을 보시오; 문헌 1) 하지만 현실은 끊임없이 변화하고, 특별한 현실들로 이루어져 있다.(베르그송을 보시오; 문헌 20) 게다가 나는 정확하고 구별되는 행동들만 포착할 수 있다. 내가 지적하는 존재의 항구성은 따라서 환영적인 것일 뿐이다.(니체를 보시오; 문헌 16) 언어 활동은 그러므로 주어진 문화 속에서 변화하는 세상에 대한 단순한 해석일 것이다. 의사 소통의 도구도, 사물에게로의 이행을 위한 수단도 아닌 언어 활동은 본질적으로 **힘**의 도구일 것이다. 존재에 그것이 의미하는 바를 믿게 할 수 있는 언어 활동은 외양에 확고함을 제공할 수 있다. 언어 활동을 통해서 우리는 힘의 권리가 있다는 것을 믿게 만들 수 있다.(루소를 보시오; 문헌 9) 그것에 의해 국가는 국민에게 그 자신을 인정받게 만든다.(니체를 보시오; 문헌 18)

언어 활동의 힘으로부터 우리는 해방될 수 있을까? 두 가지 형태의 분석이 대립된 전제들에 답하는 것을 가능하게 한다. 계보학적인 비판은 담론의 근원에 있는 관심들을 드러나게 해준다.(니체를 보시오; 문헌 16) 하지만 그러한 비판은 언어 활동 자체를 믿지 못한다. 그것은 단어들이 의지의 결과일 뿐이라고 생각한다. 개념적인 비판은 반대로 **단어 그 자체에 근거한 환상들을 깨뜨려야 함**을 주장한다. 언어 활동은 우리가 말하는 것에 대해 아무 생각도 하지 않을 때 우리를 속인다. 예를 들어 '가장 힘센 자의 권리' 라는 표현은, 그 단어들의 의미를 내가 심각하게 여기지 않는 한에서만 나에게 힘을 갖는다.

자 유

자유는 담론의 대상이 아니다

'공기처럼 자유로운'

자유를 정의내리고자 하는 데에는 다소간 환영적인 면이 있다. 정의한다는 것은 제한한다는 의미이기 때문이다. 그러나 자유는 자신을 갇히도록 내버려두지 않는다. 자유는 과거의 무거운 짐이나 도덕적인 가치, 형이상학적인 이상들을 거부하는 정복하는 정신의 가벼움이다.(니체를 보시오; 문헌 15) **자유는 "나는 원한다"를 "너는 해야 한다"와 대립시킨다.** 따라서 자유는 항상 고통스러움과 함께 전복적인 성격을 가진다. 자유롭다는 것은 자기 고유의 가치를 창조한다는 것이고, 오직 자신의 의지에만 따르는 것이다. 여기에 불안하게 하는 고독이라는 경험이 있는 것이다. 종속은 라 퐁텐의 우화에 나오는 늑대 앞의 개나 민주주의 사회 속의 부자들이 보여 주듯이 편안하고 안정적이다.(토크빌을 보시오; 문헌 14)

자유는 하나의 개념이 될 수 없다. 자유는 하나의 종합적인 시각 속에서(인식한다는 것은 '전체적으로 보기'이다) 실재의 무시할 수 없는 다양성을 규합하려 하는 체계적인 정신을 회피한다. 자유에는 보편적인 것도, 법칙도, 진리도 없다. 내 의지에 상대적으로 선험적인 모든 것은 나를 구속하기 때문이다.

자유의 급진성을 의식해야 한다. 자유는 순수한 창조가 될 수밖에 없다. 만약 자유롭다는 것이 '내가 원하는 것을 하기'라면, 자유로운 정신은 오직 한 가지만을 원할 수 있다. 즉 그것의 고유한 의지만을 원할 수 있다. 자유로운 정신은 '자신의 고유한 세계를 얻기' 원한다. 새로움이 아닌 것이 나를 능가한다. 양자택일은 간단하다. 즉 내가 예속적인 태도를 고수하거나, 혹은 유익한 망각 속에서 그것을 무시하는 것이다. **따라서 자유는 구속되거나 강제될 수 없는 사실로 특징지어질 수 없다.** 결코 자유는 부정적인 방식으로 파악될 수 없을 것이며, 그것은 부정이 여전히 종속의 관계이기 때문이다. 부정은 무언가 부정해야 할 것이 있을 때에만 존재한다. 자유는 따라서 '최초의 움직임, 신성한 긍정'이 될 뿐이다.(니체를 보시오; 문헌 15)

자유로운 존재는 자신을 규정지을 수 있는 원인이나 그 자신을 움직일 수 있는 이성에 관여하지 않는다. 자유로운 존재는 어린아이의 단순성과 순진성으로 행동한다.

자유와 반성

이러한 이론적 문제에 대한 자유의 독립 요구는 어쨌든 문제 제기되어야 할 필요성이 있다.

실상 자유를 묵시적이고 동시적인 행동의 유일한 분야 속에 위치시키기로 결정하는 것은, 자유를 순수하고 단순한 인과적 결정과 혼동하려는 위험을 받아들이는 것이 된다. **자동적으로, 나는 내 존재의 현실에 의하여 원인과 자극의 연결망에 종속되어 있다.** 예를 들어 내 육체는 유쾌한 것을 찾아내도록 나를 결정짓는다. 거기에는 어떠한 자유도 없다.(칸트를 보시오; 문헌 11) 나의 기호는 수단을 결정하도록 나를 구속하고, 여기에도 자유는 부재한다.(칸트를 보시오; 문헌 12) 따라서 행동의 조건들을 분석할 필요가 있다. '우리가 행동하고 그러므로 우리는 우리를 구속하는 어떠한 외적인 힘도 느끼지 않을' 때 실제로 자유가 시작되는 것이다.(데카르트를 보시오; 문헌 8) 자유는 결정주의를 극복할 수 있을 때에만 가능한 것이다. **나는 내 자신이 다른 사물들 사이의 하나가 아닐 때에만 자유롭다.** 이 조건은 제한적인 몇몇 경험들에 의해 충족된다. 미학적인 성찰은 나 자신을 지적이고 감각적인 흥미를 초월할 수 있는 것처럼 드러낸다. 나는 따라서 더 이상 내가 만들어 내지 않은 경향에 의해 강요되지 않는다. 취향의 판단은 '능력의 자유로운 유희' 이다.(칸트를 보시오; 문헌 11) 마찬가지로 도덕적인 요구는 희망에 의해 어떤 목표에 도달하려는 희망에 기인하지 않은, 무조건적인 행동을 내게 요구하면서 나로 하여금 인과 관계로부터 떨어져 나가게 한다.

자유와 필요성

그러한 경험들은 자유를 생각하게 하지만, 그것은 아직 거리가 먼 접근이다. 취향의 판단은 국한적인 것이 될 수밖에 없다. 도덕적 요구는 하나의 필요성일 뿐이다. 의무에 의해 완수된 행위는 결코 없었다는 것을 증명할 수 있는 것은 아무것도 없다. 자유의 현실을 기초하기 위해서는 따라서 그것을 구성하는 경험을 생각할 줄 알아야 하고, 그 경험 속에서는 구속의 독립성에 대한 어떠한 불확실성도 존속하지 않아야 된다. **오직 의심만이 진실로 자유를 기초하게 해준다.** 왜냐하면 나는 항상 ('내 판단을 멈추는 것을') 받아들이기를 거부할 수 있고, 내가 갖고 있는 것 중 어떠한 것도 그 무엇에 의해 내게 강요되지 않기 때문이다. 한마디로 **나는 내가 갖고 싶은 생각만을 가질 뿐이다.** 자유는 따라서 정신이 본질적이게 되는 한 방법이다. 언제나 가능한 부정은 정신을 필연적으로 정신 그 자체와 그것이 생각하는 것의 주인이 되게 한다. 그러므로 내가 왜 생동하는지를 알수록 나는 더 자유롭다. 내 행동의 동기는 그 행동에 확실한 성격을 부여하는 내적인 필연성을 가진다. 따라서 행위는 진정 나로부터 나온다.(데카르트를 보시오; 문헌 8) 자유는 구속을 배제한다. 그러나 자유는 또한 독단과 함께할 수 없다. 이런 맥락에서 자유는 하나의 순수한 창조로서 정의될 수 없다. 분명 자유로운 행위는 그 행위를 선행하는 상황으로부터 연역되지 않는다는 점에 있어서는 언제나 새롭다. 하지만 자유로운 행동은 모든 사고와 가치를 만들어 내는 데 있지 않다. 사실 나는 모든 것을 원할 수 있다. 내 의지는 그것이 어떤 형태의 대상물을 향해서도 나아갈 수 있는 한 무한하다. 하지만 그것은 신의 의지와는 반대로 그것이 원하는 것에 대해 즉각적으로 창조적이지는 않다.(같은 문헌) 내가 만약 불가능함과 절대를 원한다면 자유란 없다. 사실 만약 자유롭다라는 것이 자신이 원하는 것을 할 수 있는 것이라면, 나는 내가 할 수 없는 어떤 것을 원함으로써 모순에 빠지게 된다. **따라서 자유는 진리를 필요로 한다.** 무지 속에서 나는 불가능한 것을 원할 수 있고, 좌절의 위험을 무릅쓸 수 있다. 나는 알지도 못한 채 나의 자유를 잃어버리기를 원할 수도 있다. 예를 들어 나는 가장 힘센 자가 나에게 강요하는 존경을 표시하기 위해 그에게 나를 복종시켜야 할 어떠한 **의무도** 없음을 알아야만 한다.(루소를 보시오; 문헌 9)

따라서 내가 **자율적**일 수 있음을, 내 행동의 규율의 주인이 될 수 있다는 진리를 알고서 내가 행동해야 된다. 실상 예를 들어 환상 속의 나는 내가 현실 속에서 알지 못하는 규칙대로 움직인다. 따라서 나는 **구속되어** 있고, 외부로부터 강요되어 있다.

자유는 구속을 배제하지만 필요성과는 타협한다. 원인을 알고서 명령형의 행동 규율을 강요하는 것은 우리 자신이 합리화시킬 줄 아는 동기를 스스로 부여하는 것이다.

기억/시간

지적 능력에 대항하는 기억?

"꽉 찬 머리보다는 잘 정돈된 머리가 낫다"

몽테뉴의 교수법에 관한 필수 조건은 기억에 대한 비판에 있다. 자료들을 '기억 속에' 저장하는 것은 사고의 역할을 결코 대신하지 못한다. 《부바르와 페퀴셰》[12]는 자유로운 정신의 작업과 성찰되지 않은 지식의 축적을 혼동하는 것에 대한 예가 될 수 있다. 생각해 낼 수 있기 위해 내용들을 저장해 두는 능력인 기억은 좋고 나쁨을 판단하기가 쉽기 때문에 선별의 용이한 준거 기준이다. 하지만 기억은 권위에 대한 논쟁을 불러일으킨다. 나는 말하는 자의 권위를 이유로 내가 배운 것을 진실로 여긴다. 하지만 나는 전혀 반대의 것을 배울 수도 있다. 내 기억은 따라서 아마도 '거짓으로 가득 차' 있을 수 있다.(데카르트를 보시오; 문헌 5)…… 사실 내가 알고 있는 것이 진실이라고 누가 내게 말해 줄 것인가? 지식을 위해서, 나는 그 모든 생각에 대해 의심이라는 시험을 거쳐야 한다. 하지만 그러한 시험을 성공적으로 통과한다 하더라도, 그 생각들은 그것들이 나에게 필요성으로 주어질 때에만 진실이 될 뿐이다. 진리를 기초하기 위해서는 언제나 비판적인 사유의 행동이 필요하다. **명확함이 존재할 때에 진리가 증명된다.** 어떤 확실함에 대한 기억은 더 이상 확실함이 아니다. 어떤 환영에 대한 기억이 더 이상 환영이 아니듯이.

앎과 기억의 회복

하지만 이 비판적인 작업은 자신이 소유하지 못함을 알고 있는 진리에 대한 추구에 내가 직접 나섰을 때에만 가능한 것이다. **그렇다면 우리는 어떻게 우리가 모르는 것을 찾기를 희망할 수 있는가?** 실상 만약 우리가 그것을 모른다면, 우리는 그것을 찾았다는 것도 모를 것이다. 그것을 알아보지 못한 채, **하물며** 우리는 그것을 다시 알아보는 것에도 무능력하게 될 것이다! 만약 우리가 그것을 알아볼 수 있다면, 그것이 없어서 찾아 헤매는 것은 말도 안 되는 일이다. 왜냐하면 그것은 우리가 그것을 이미 알고 있었음을 의미하기 때문이다. 플라톤의 《메논》에서 상기된 이 모순은 우리에게 기억과 지적 능력을 연합하도록 만든다. 사실 나는 내가 명확히 하기를 원하는 혼동스러운 지식을 갖고 있는 한에서만 진정한 지식을 찾아나설 수 있다. 만약 내가 미덕에 대한 모호한 생각을 기억 속에 갖고 있지 않다면, 나는 덕스러운 행동을 가려내는 데에 무능력했을 것이다.(문헌 1을 보시오) 그러므로 안다는 것은 '다시' 알아보기이다. 그 개념에 대한 정의는 내 기억 속에 있는 사고와 일치한다. 앎은 따라서 **기억의 회복**이다. 기억은 **따라서 앎의 조건으로 드러난다.**

이런 맥락에서, 한 상태에서 다른 한 상태로의 흐름이나 이행처럼 시간은 정통한 정신의 고유한 성격이다. 이는 우리가 시간을 정복해야 한다는 지식을 갖고 있지 않기 때문이다. 변증법에서, 어둠에서 빛으로 떠오르는 정신의 시간은 이 점과 전적으로 관련된다.

반대로 정신의 시간이 향해 있는 대상은 언제나 자신과 동일하다. 실상 사유는 영원하고, 변화와 무관하다. 또한 예시들과 뒤섞이지 않고(플라톤을 보시오; 문헌 1), 사라짐 없이 변경될 수 없으므로 비물질적이다. 예를 들어 정의나 권리는 그 의미가 변경될 수 없다.(플라톤을 보시오; 문헌 3, 루소를 보시오; 문헌 9)

따라서 시간이 정신을 떠나서 존재할 수 있느냐의 문제인 것이다.

시간은 존재하는가?

실상 어떠한 것도 시간 없이 우리에게 나타날 수 없음을 인식해야 한다. '이전'에서 '이후'로의 규칙적이고 계속적인 이행이 없으면 나는 인식할 수 없을 것이다. 그렇다면 내게는 외부의 사물들에서뿐만 아니라 내 자신의 사유에 있어서도 포착할 수 없는 혼돈만이 있을 것이다. 따라서 가능한 경험은 시간으로부터 나오고, 그 반대일 수는 없다. 이러한 맥락에서 시간이 내 감수성의 **우선적인** 조건임을 단언해야 할 것이다.(칸트를 보시오; 문헌 10)

심리학은 이러한 분석을 확인시켜 주는 듯하다. 실상 과거의 보존이 없는 상태에서 시간은 내게 아무런 존재도 되지 못한다. 순전한 순간성이나 무의식 속에서 이전과 이후의 이행은 존재하지 않는다.(베르그송을 보시오; 문헌 20)

모든 것은 따라서 마치 시간이 본질적으로 주체의 한정인 것처럼 진행된다. 하지만 모든 사물이 자기에게 복종하기를 바라는 욕망의 좌절조차 시간의 존재론적인 현실을 보여 준다. 사물들의 존재는 이전과 이후의 이행에 복종한다. 그러므로 존재들은 하나의 고유한 시간성을 가진다. 즉 성숙을 위한 시간을 필요로 하고, 성숙을 이룬 시간이 있으며, 또한 부패의 시간도 있다. 이러한 **객관적인 시간**은 나에게 기다림을 요구한다.——"이전에는 너무 빨랐었고, 이후에는 너무 늦었다"——혹은 그러한 객관적인 시간은 나의 열의를 필요로 한다. 그것은 광범위한 맥락에서 고독을 금한다. 나는 내 스스로 모든 필요한 것들을 만족시킬 수 없고, 그것은 내가 객관적으로 동시에 일어나는 일들을 동일한 시점에서 완수할 수 없기 때문이다.(플라톤을 보시오; 문헌 2)

따라서 **시간은 실존과 구별될 수 없다.** "나는 시간이 있다"라는 표현은 언제나 틀린 것이다. 시간은 우리가 소유할 수 있거나, 혹은 없는 외부의 대상이 아니다. 현실적으로 나는 나의 시간이다. 이전과 이후의 계속되는 이행 속에서 나는 나를 구성한다. 이미 발생한 것의 보존에 의해서 나는 순수한 순간성을 초월하고, 따라서 미래를 향해 긴장해 있을 수 있다.(베르그송을 보시오; 문헌 20)

따라서 시간은 주관적인 동시에 객관적임을 확언해야 된다. 왜냐하면 **기억은 시간의 경험과 시간의 현실을 동시에 구성하기** 때문이다. 실상 나는 지금 오는 것이 이미 왔던 것과 연관되어 있는 것인지를 **인식할** 수 없다. 하지만 **시간 속에 존재**한다는 것은 동일하게 남아 있으면서 스스로 변화하는 것이고, 그것은 과거가 보존될 때에만 가능한 것이다.

따라서 시간은 불완전하고 미완의 존재, 자신을 구성해 나가는 것을 소유한 존재의 조건 자체이다. 사유는 그것이 될 수 있는 모든 것이기 때문에 영원하다. 예를 들어 정의는 정의일 뿐이다. 정의는 그것이 무엇이든지간에 획득해야 할 어떤 것도 갖고 있지 않다. 정의는 또한 그 성격의 최소한 일부분도 상실할 수 없다. **시간은 반대로 언제나 극적이다.** 그것은 행동이고, 획득이며, 상실이다. 기억은 분산 속에서 연속성을 보장한다. 즉 과거의 보존(같은 문헌)

이나 영원에 대한 향수이다.(플라톤을 보시오; 문헌 1).

　또한 '순진무구와 망각'을 염원하는, 현재 자신의 의도에 대한 순수한 확언만을 원하는 자에게 있어서 기억은 신용할 수 없는 것이다.(니체를 보시오; 문헌 15) 하지만 여기에 초인간적인 계획이 존재한다…….

자연/문화

문화와 농경문화……

문화, 자연스러운 현실

자연과 문화의 대립은 적대적인 환경을 변화시키는 농부의 이미지와 연결되어 있다. 들판에서의 작업에 어원을 두고 있는 문화는 —— 라틴어 *colere*는 땅의 노동을 가리킴—— 인간이 자신의 필요를 충족시키도록 사물들을 이끌기 위해 사물 위에 표시하는 것을 전제로 한다. 여기에서 자연과 문화 간의 모순 개념이 나온다. **자연은 필연성과 보편성에 의해 특징지어질 것이다.** 우리는 그 법칙들을 벗어날 수 없고, 동일한 유형의 구속들에 복종한다. 반대로 문화는 자유와 차이로 정의될 수 있다. 각 민족은 각자 고유한 규칙들을 만들어 낸다. 이러한 표상은 은유의 일부분만을 고려할 뿐이다. 그것은 농부가 하나의 창조자가 아님을 망각한다. 농부는 자연 존재들이 그 끝에 도달하도록 돕기 위한 수단들을 제자리에 두는 것에 그친다. 실상 예를 들어 밀은 이미 정해져 있고, 식별할 수 있는 생장 과정을 갖고 있기 때문에 우리가 성장에 필요한 요소들을 장려하고, 그에 반하는 것을 피하게 해줄 수 있을 뿐이다. 이처럼 자연은 재고되어야 한다. 사실들 속에서 **자연**이란 없다. 단지 **자율적인 행동 원칙**을 나름대로 공통으로 가진 각각 다른 **자연 존재들**이 있을 뿐이다. 각 존재 유형은 따라서 성장과 진화에 있어

고유한 규칙을 갖는다. 의미를 넓혀서, 자연이라는 단어는 그들에게 공통되고, 다른 것들로부터 그들을 구별해 주는 것을 가리킨다. 예를 들어 꿀벌들의 자연은 "전혀 구별되지 않는다는 점에서 모두 예외 없이 동일하다."(플라톤을 보시오; 문헌 1) 이런 의미에서 '자연' 이란 단어는 '본질' 과 동의어로 받아들여질 수 있다.

따라서 자연은 하나의 규범의 역할을 할 수 있다. 자신의 자연을 부여받으면서, 다시 말해 자신이 이어받은 종의 고유한 특질들을 부여받은 존재는 일정한 방식으로 행동하고, 발전해야 된다. 정신이 무엇인가 하는 것에서 그것이 명령하는 것이 뒤따라온다. 동일한 것으로부터, 복종하는 의지의 자연이 나온다.(플라톤을 보시오; 문헌 3) 따라서 사물의 자연은 인간 실천을 규정한다. **문화는 무로부터 창조되는 것이 아니라 본질과 연관된 잠재성들을 완성시키는 것이다.** 한 인간에게 있어서 자신을 만들어 간다는 것은 힘이 있는 것, 가능한 것으로서, 단지 동물이 아니라 **인간** 존재를 행동하게 만드는 것이다. **따라서 문화는 여기에서 자연의 완수이다.** 자연의 거부인 야만적인 것은 동시에 자연의 거부, 즉 **내** 자연의 거부인 것이다.

자연에 반대되는 문화

경험에 근거한 이러한 자연에 대한 인식은 파생에 의해 개인화된 자연이라는 가정 혹은 신화를 야기하였다. 왜냐하면 자연은 언제나 개인들보다 우위에 있고, 우리는 자연을 신처럼 표상할 수 있기 때문이다. 자연은 궁극적인 행로를 갖고 있기 때문이고, 우리는 그것을 신의 섭리로 생각할 수 있다. 자연은 따라서 인간의 좋은 발전을 목표로 하는 관대하고 우위에 있는 힘이 될 것이다.(칸트를 보시오; 문헌 13) 여기에서, 모든 것에도 불구하고 역시 자연은 문화와 반대되기보다는 그것과 일치한다.

그러한 유형의 표상은 자연에 대한 경험적인 인식으로부터 출발한다. 풀은 스스로 자라고, 되새김질이 암소의 천성임을 확인할 수 있음은 존재에 대한 단순한 관찰에 의한 것이다. 하지만 보다 엄격한 지식으로 이행하기를 원하는 사람은 그 수준을 넘어서서 객관적인 성질들에 대한 추상화를 해야 한다. **자연에 대한 진정한 지식은 양적인 측정을 거친다.** 예를 들어 한 조각의 밀랍은 실제로 그것이 나에게 처음으로 제공하는 그 어떤 것도 아니다. 내가 그것을 두드려 보았을 때 그것이 내게 제공한 냄새, 미지근함, 소리와는 다르다.(데카르트를 보시오; 문헌 6)

그것은 높이, 넓이, 깊이, 움직임의 양이다. 그러한 조건들 속에서 자연은 통일성을 되찾는다. 자연은 다른 존재들 속에서 분산되지 않고, 기하학적인 공간과 함께 뒤섞인다. 자연적인 모든 것은 서로 닮았고, 공간성이라는 특징을 가지며, 중력 같은 필연적인 몇 가지 거대한 규칙에 복종한다. **이제 문화는 인간 자신이 자연으로 축소될 수 없다는 것을 보여 주는 행동이다.** 그것은 숙고된 의도에 의해 변화된 행동이다. 예를 들어 자연적인 기관인 성대의 결함을 극복하기 위해 기호를 만들어 내는 능력이 생긴 것이다. 이러한 맥락에서 문화는 그 다양성을 스스로 인정한다. "네 자신이 되어라"라는 모델에 따라 자연을 완성해 가는 것인 문화의 유일한 본질은 더 이상 없다. **여러 가지 문화가 있고,** 자연의 필연적이고 중압적인 통일성과 구분되는 수많은 방법들이 있는 것이다. 자연은 육체적인 필연성과 뒤섞이면서, 더 이상 규범의 역할을 수행하지 못한다. 예를 들어 '틀리게' 가는 괘종시계는 '맞게' 가는 괘종시계와 동일한 물리적인 규칙에 복종한다. 맞고 틀림은 실제로 나의 기대에 따라 판단된다.

현시대의 민속학, 특히 레비 스트로스[13] 시대의 민속학은 이러한 표상의 상속자이다. 보편적이고 필수적인 자연은 특이하고 변화하는 여러 문화들과 대립된다.

극복된 대립?

그러나 이러한 대립은 그 자체가 문제 제기적이다. **자연은 실제적인 단순화에 의해서 오직 몇몇 규칙의 일관성과 간단성으로 환원될 수 없다.** 우리는 다른 모든 타인들과 필연적으로 구별되는 존재의 구체적인 변전에 의해, 그들의 고유한 과거를 보존하는 동시에 존재의 감각적인 자질들을 확정적으로 추상화할 수 있는가?(베르그송을 보시오; 문헌 20) 기계적이고 필연적인 자연이라는 개념은 아마도 하나의 문화적인 개념일 뿐이다. 고대와 중세적인 사고에 대한 거부의 시대에 태어난 자연이란 개념은, 세상을 적당한 것으로 만들고자 하는 정신의 전형일 것이다.

게다가 정신의 세계를 보편적인 것과 필수적인 것에 대립시키는 것은 상당히 문제 제기적이다. 개념들은 문화적인 상황들에 의존하지 않는 필연성을 가진다. 문화는 힘을 권리와 동일시하는 자유를 갖지 못한다.(루소를 보시오; 문헌 9) 마찬가지로 아름다움은 유쾌한 것과 구별되는 의미를 가지고, 그것은 내가 관련된 문화적인 맥락과는 독립적인 무사무욕의 만족이기 때문이다.(칸트를 보시오; 문헌 12)

결국 만약 도덕이 어떤 의미를 갖는다면, 그것은 도덕이 어떤 맥락이나 목적과 관련되어 있는 기술적이거나 문화적인 계율과 본질적으로 구별되기 때문이다.(칸트를 보시오; 문헌 13)

정 열

정열: 이성을 넘어서, 해방

네로[14] 혹은 권력에의 정열, 페드르[15] 혹은 사랑의 정열, 아르파공[16] 혹은 황금에의 정열. 이 인물들은 상징적인 방식으로 정열을 표상한다. 여기에는 어떠한 어중간함도 없다. 복수형은 사라진다. 오직 열광적으로 욕망하는 유일한 대상이 존속한다. 그 대상은 최종적인 목표가 되고, 그것과 관련하여 모든 현실은 장애물 혹은 수단의 가치를 띨 뿐이다. **정열은 실상** 다른 것과 공존할 수 있고, 행동하도록 부추기지 않는 **단순한 욕구가 아니다.** 일시적이고 변덕스러운 **하나의 감정도 아니다.** 우리가 느낄 수 없는 필요한 물건의 부재와 같은 **필요도 아니다.** 욕망과 마찬가지로 정열은 의식을 전제로 하고, 정복해야 할 재산과 같은 대상의 표상을 필요로 한다. 하지만 **정열은 욕망을 넘어선다. 배타적이고 지속적인 정열은 장기적인 행동을 결정짓는다.** 정열에 휩싸인 자는 사실 범상치 않은 행동 능력으로 유별나게 행동한다. 그는 절대적인 결심을 갖고 행동한다. 그는 어느 누구도 자기에게 강요한 것이 아닌 하나의 목표를 추구하므로 자유롭다고 느낀다. 그는 마치 가치의 창조자들과 같다. 모든 도덕적 규범 위에 존재하고, 역사적 유물에 대해서와 마찬가지로 다른 사람들의 의견에서 독립적인 그는 어떠한 가책이나 거리낌, 도덕적 판단 없이 자신의 힘을 펼친다. 진정코 정열에 휩싸인 자는 양심의 문제를 갖지 않는다. 왜냐하면 그에게 있어서는 그가 최선을 다해 선택해야 하는 가능성에 복수성은 없기 때문이다. 그는 그가 어디로 가는지를 안다. 예를 들어 네로는 원칙들에 얽매이지 않는다. **정열에 휩싸인 자는 따라서 형이상학적인 환상들로부터 해방되어 있다.** 도덕적인 개념이나 행동의 우연성, 이성적인 제어는 더 이상 그에게 있어서 매혹적인 힘을 갖지 못한다. '예'라고 말하는 어린아이처럼 가벼운 그는 유감이나 원한을 초월한다.(니체를 보시오; 문헌 15와 16)

운명적인 소외?

정열은 이처럼 **선과 악을 넘어서서** 있는 것처럼 보인다. 필요함으로써, 즉 불가피한 것으로서 정열은 가치 판단의 대상이 될 수 없다. 실상 하나의 사실로서 제기된 것은 원인에 의해서 설명되지만, 이성에 의해 판단되어야 하는 것은 아니다. 힘과 마찬가지로 정열은 그 자체로서는 선하지도 악하지도 않다. 정열은 판단에 종속됨 없이 제기된다.(루소를 보시오; 문헌 9) 따라서 페드르는 그녀가 비난하는 정열에 구속된다는 점에 대해 비탄에 잠긴다. 하지만 그녀의 비난은 아무런 영향을 미치지 못하는데, 그것은 그녀의 정열이 마치 운명처럼 필연적인 것이기 때문이다. 그녀의 행동은 따라서 비도덕적이기보다는 무도덕적이다. 그녀는 마치 그녀 자신의 무능력한 관객인 것이다.

이처럼 가벼워 보이는 외양과 달리 정열은 마치 **무거운 예속**처럼 나타난다. 정열에 빠진 자는 겉으로 보기에만 자유로울 뿐이다. 그는 그가 선택하지 않은 현실 속에서 하나의 목적을 추구한다. 그는 사실상 이성적이 될 능력이 없다. 권력·돈·사랑의 유희는 마치 절대적인 것처럼 제기되고, 그는 그것들에 대해 이해할 수 있는 능력도 없으며, 받아들일 수도 없다. 오직 냉철한 이성주의자만이 그가 추구하는 목표의 합당성을 정당화시킬 수 있다. 하지만 정확하게 말해서 자신이 왜 행동하는지 모르는 사람은 현실에서 그를 스쳐가는 원인들에 의해 구속받는 행운을 가진다. 즉 내 행동의 동기에 대해 내가 알고 있는 한에서만 나 자신이 내가 왜 이렇게 행동하는지를 알고, 내가 내 행동의 주인이 될 수 있다는 것이다.(데카르트를 보시오; 문헌 8) 반대의 경우에 나는 결정되어 있다. 나 자신이 **나를** 결정짓지 않는다. 상황들이 나의 위치를 선정한다. 정열이라는 단어는 사실 감내하다, 고생하다를 의미하는 라틴어 *patior*라는 동사에서 온 말이다. 따라서 정열은 우선 수동성을 가리킨다. 정열이 결정하는 행동은 따라서 본질적으로 어떤 것에 대한 반응으로 나타나는 것이다.

정열에 빠진 자는 실상 이성과 노예의 관계를 맺고 있다. 판단의 규칙을 부여하는 이 이성이라는 능력은, 정열에 빠진 자에게는 그가 추구하는 종국의 가치를 평가하도록 사용되지 않는다. 이성은 단지 목표에 도달하기 위한 전략을 꾸미는 데에만 유용할 뿐이다. 정열에 빠진 자는 이성을 도구화한다. 이성은 그에게 있어서 더 이상 기술적인 수단이 아니고(칸트를 보시오; 문헌 12), 비판적인 자유를 가진 능력이 아니다. 그 와중에 정열에 빠진 자는 이성으로 자연을 변질시킨다. 논리적인 규칙들은 더 이상 영구성과 보편성을 갖지 못한다. 그것은 그가 다른 모든 것들이 자신의 욕망에 복종하기를 바라기 때문이다. 적대적인 것들은 배제되고, 환상들의 껍질을 벗기게 해주는 그러한 원칙은(루소를 보시오; 문헌 9) 더 이상 그에게서 어떤 기능을 수행하지 못한다. 라신의 《앙드로마크》[17]

에 나오는 에르미온은 그녀가 정열적으로 사랑하는 피뤼스를 죽게 한다. 사랑은 퇴짜를 맞자 증오로 바뀐다. 상반된 감정들이 단지 잠깐 동안 같은 것이 된다. 에르미온은 이제 더 이상 무시무시한 죽음의 명령을 내리기를 원하지 않을 것이다. 하지만 이미 너무 늦었다. **정열에 빠진 자는 현실이 자신의 욕망에 일치하기를 원한다.** 또한 그는 절망에 빠져서 결국엔 연민을 자아낼 지경이 되는 것을 피할 수 없다.

정열을 초월하기?

이후로 정열은 더 이상 해방으로 생각될 수 없다. 반대로 그것으로부터 초월하는 것이 문제이다.

그것이 가능할 수도 있는데, 그것은 정열이 이미 우리가 보았던 것처럼 본질적으로 어떤 결정주의에 복종할 때에만 가능하다. 따라서 정열을 초월하여 행동하기 위해서는 그것을 야기하는 원인과 결과의 연쇄를 알 필요가 있다. 거기에는 어떠한 신비도 없다. 정열에 빠진 자는 그가 욕망하는 대상이 그에게 부과한 규칙에 복종한다. 왜냐하면 그는 그것으로부터 그가 제어하지 못하는 어떤 이끌림을 받기 때문이다. 따라서 그의 육체의 구조가 문제이다. 겨우 알아볼 듯 말 듯한 미소나 발자국 소리 같은 것이 그의 '저항할 수 없는' 감흥들을 불러일으킨다……. 하지만 만약 육체가 하나의 기계라면(데카르트를 보시오; 문헌 7), 그것의 기능에 따라 행동하는 것이 가능하다. 즉 반대되는 정열을 자극하면서 기존의 정열을 물리치는 것이 가능하다는 말이다. 예를 들어 코르네유의 연극 속 주인공인 폴리왹크트[18]는 정확하게 의무라는 다른 이름의 정열(자신의 신념을 배반하지 않는다는)에 의해 자신의 정열(폴린에 대한 사랑)을 물리칠 줄 안 인물이다.

하지만 **정열**에도 진리는 있다. 만약 부재한다면 용서할 수 없는 것인 선을 향한 지향인 정열은, 적어도 공식적으로는 모든 **가능한 행동의 조건**이다. 만약 우리가 욕망에 의해 자극받지 않았다면(칸트를 보시오; 문헌 13), 우리는 행동하지 않을 것이다. 그것은 자기 자신을 충족시키기에 무능력하다고 느껴진 현재에 근거하여 미래를 향해 있는 욕망이다.(베르그송을 보시오; 문헌 20) 보다 근본적으로 말하자면 **절대적인** 만족에 관한 욕망처럼, 정열은 **영원성에 대한 욕망**을 증명한다. 그것은 이러한 욕망의 이상 형태이다. 정열은 사람과 사물들이 욕망을 만족시킬 수 없음을 깨닫지 못하였다. 개인적이고 조락성을 지닌 한 존재에 대한 매혹은 정열을 상실케 한다. 모든 것은 마치 정열이 진행중에 중단된 사랑인 것처럼 흘러간다.(플라톤을 보시오; 문헌 4)

철 학

철학은 무엇에 쓰이는가?

철학은 이 질문에 대해 무례함과 빈정거림을 가미하여 기꺼이 대답한다. 아무것도에도 쓰이지 않는다. 상위 가치로서 유용성에 대한 부인은 실상 철학적인 태도의 특징이다. 사물과 존재에 대한 의문은 보상의 필요에서 해방되었을 때에만 가능한 것이다. 스스로 멈출 줄 알고, 문제를 뒤집어 볼 줄 알며, '어떻게?' 보다는 '왜?' 에 더 비중을 둘 줄 알아야 한다.(칸트를 보시오; 문헌 12) 즉 목적의 가치는 어디로부터 오는가? 왜 가치에 대한 이러한 체계여야만 하는가? 다른 것은 안 되는가?

철학은 놀람으로부터 시작된다. 내가 알고 있다고 생각한 것을 내가 모르고 있음을 내가 알아차린다. 나의 가치는 내게 있어서 명확하다. 이를테면 나는 내게 있어서 선하고 덕스러워 보이는 많은 예들에 대해서 말할 수 있다. 하지만 나는 그것들로부터 내가 이해하는 바를 정의할 능력이 없는 나 자신을 보게 된다.(플라톤을 보시오; 문헌 1) 이러한 확실함에서 불확실함으로의 이행은 어떤 일정한 점에서 행동에 해를 끼친다. 나는 효율적이 되기 위해서 '내가 하는 것에 정신이 쏠려 있을' 필요가 있고, 습관에 의해 정신을 진정시킬 필요도 있다. 하지만 그것이 의식을 잠재운다.(베르그송을 보시오; 문헌 20) 편안한 평범함을 깨우기 위해서는 소크라테스의 반어법이 필요하다. 거짓 아첨에 의해서 그는 자신의 대화자를 의심하게 만들고, 스스로 그 주제에 대해서 혼동되며, 거짓으로 명확해 보이는 것을 **구별할 수 있게** 이끈다.(문헌 1) **그러므로 철학은 우선 자율적인 정신의 비판적인 활동인 것이다.**

비판이란 모든 것을 비방하려 드는 유감으로 이루어진 작품은 아니다. 비판한다는 것은 구별하는 것이고, 참으로 인정되어 온 생각들 내에서 개인적인 의견이나 사회적인 합의·권위·미신·환상 등에 속하는 것을 가려내는 것이다. 그것을 위해서는 어떠한 방법도 통하지 않는다. 수단을 포함해서 '방법'은 효율성의 독재에 종속되어 있다. 어떠한 수단에 대해 우리는 토론하지 않는다. 단지 그것을 실천할 뿐이다! 실제로 생각하기를 원하는 사람을 위한 유일한 방법은 정신 자체의 요구 사항들을 따르는 것이다. 여기에서 따라야 할 길(방법이란 단어는 그리스어 *odos*에서 왔고, 그 의미는 길이다)은 도달해야 할 목표와 무관하지 않다. 생각하기 위해서는 생각하기 시작해야만 한다. 자기 자신에게로 돌아가서, 거만함과 용기를 가지고 우리가 정신 속에 갖고 있는 근원에 대해 스스로 질문해야 한다.(데카르트를 보시오; 문헌 5) **철학은 성찰이다.** 그러므로 철학은 엄격한 노력을 필요로 한다. 사유의 합당성을 시험해 보는 것은 즉석에서 이루어질 수 없다. 그것을 위해서는 한 단어를 다른 것으로 여기는, 예를 들어 아름다운 것을 유쾌한 것으로(칸트를 보시오; 문헌 11), 의무를 필요로(루소를 보시오; 문헌 9) 여기는 안이한 습관을 탈피해야 된다. 이러한 스스로에 대한 작업은 일단, 떨어져 나옴을 필요로 한다. 나는 내 앞에 있는 모든 나의 생각들을 분석에 제안된 단순한 대상으로서 제시해야 한다.(데카르트를 보시오; 문헌 5)

준엄한 연습! ……그리고 그것은 어떤 결과를 위한 것인가? 철학

은 "세상에 확실한 것이 아무것도 없는 이상 어쩌면 아무것도 보여주지 않을 것인지도 모른다?"(같은 문헌)

철학은 지식으로 이행할 수 있는가?

철학의 역사는 "모든 것은 말해졌다"라는 인상을 줄 수 있다. 즉 모든 것이란, '모든 것과 모든 것의 반대'를 말한다. 실상 비판적인 분석은 모든 것을 하부로 내려놓을 수 있는 것처럼 보인다. 철학이 요구하는 수사학적인 특질들 또한 모든 것을 논증하기 위해 사용될 수 있다. 이러한 관점의 거대한 다양성은 회의주의가 애호하는 논쟁거리 중의 하나이다. 철학적인 성찰들은 그 성찰의 주인을 초월하는 범위를 가질 수 없다. 객관적인 성찰들은 심리학적이고 역사적인 특성들에 의해 결정된다. 이러한 맥락에서 볼 때, **철학은** 스스로 생각할 줄 아는 능력을 가진 자율적인 주체에 대한 환상과 함께 **죽은 것이 된다.** 사유는 예를 들어 '무능력에 대한 복수심 강한 계략'(니체를 보시오; 문헌 16)에 의해 동기 부여된 하나의 전략처럼 이해되어야 한다. 사실 각 실존적 태도는 각각의 고유한 철학을 만들어 낸다. 절대적인 것, 좌파, 우파, 기독교인, 무신론자 등에 대한 철학을 말이다.

철학에 있어서 그 유해(遺骸)를 회복시키고, 철학의 비판적인 차원을 복원하기 위한 유일한 방법은 담론의 객관적인 원인들에 대한 연구에 열중하는 것이 될 터이다. 진리에 대한 의문을 제기할 필요는 없으므로 어디에서부터 담론이 시작되었는지를, 그것의 계통학을 만드는 것이 요구된다.(같은 문헌) 철학자는 스스로 심리학자(니체를 보시오; 문헌 17)가 되고, 사회학자가 되며, 혹은 정신분석학자가 된다.

그렇다면 철학은 인간과학의 하나인가? 아니다. 아니기 때문에 철학은 그 특수성을 상실한다. 인간과학은 실상 **사실**들에 대한 유일한 묘사적인 지식을 주로 삼는다. 그러나 철학은 **개념**에 대한 이해를 추구한다. 인간과학은 예를 들어 기술이나 치료법에 대한 이유를 제공할 수 있다. 하지만 철학은 구체적인 제어에 원인을 제공하거나 고집하지 않는다.

'주관주의'의 비난으로부터 벗어나기 위해서 철학은 과학적인 객관성의 시도에 굴복할 수 있다. 하지만 그렇게 되면 철학은 그 특수성을 상실한다. 따라서 철학은 생각하는 주체와 부분적으로 연결되어 있지만, 또 한편으로는 **그다지 '주관적'이지 않다.**

'주관적인 것'에서 우리는 일반적으로 '타인들과 대립되는 한 주체의 고유한 것'을 이해하고, 그것은 취향·피부색 등으로, 한마디로 말해서 소통 불가능한 것이다. 그래서 철학은 그것이 이러한 차원을 초월하는 한에서만 존재한다. 즉 참여자들이 동일한 정신을 가지고, 동일한 사고를 명확히 하기 위해 노력하기 때문에 대화가 가능한 것이다.(플라톤을 보시오; 문헌 1) 철학은 생각하는 주체들의 집단을 상정하고, 나타낸다. 철학은 우리가 그 용어에 '대상과의 대립에 의한 주체 고유의 것'이라는 의미를 부여할 때 '주체적인 것'이다. 그것은 숙고하는 능력과 우연한 이해를 초월하는 능력을 말한다. 따라서 코기토에 대한 경험(데카르트를 보시오; 문헌 5)은 **주관적인 동시에 보편적이다.** 어느 누구도 나 대신 그 경험을 해줄 수 없다. 반면 모든 주체는 동일한 경험을 할 수 있는데, 그것은 거기에서 내가 나를 경험적인 주체로 만드는 것을 정확하게 제외하기 때문이다. 즉 나는 내 육체를, 내 기억들을, 내 취향과 피부색에 대해 의심한다. 기호의 판단이나 도덕적인 명령의 이해에서

도 마찬가지이다.(문헌 12)

　　철학적인 절차는 이처럼 정신의 보편성——나의 사유는 나의 의견이 아니고, 모든 이성적인 주체에 의해 재고될 수 있다——**과 생각의 필연성**——나는 독단적으로 개념을 만들어 내지 않고, 그 필요성을 인식할 뿐이다——**을 인정한다.**(루소를 보시오; 문헌 9)

권 력

행동 능력 혹은 지배?

'~할 능력'과 '~에 대한 권한'

"~할 능력이 있다" "권좌에 있다"라는 표현처럼, **권력이란 존재에 내재하는 소유물인 동시에 우리가 도달하는 어떤 '장소'** 이기도 하다. 그것은, 즉 자연적인 현실과 사회적·정치적인 현실이다. 개념의 통일성을 이해하기 위해서는 그 의미의 파생들을 살펴봐야 한다.

권력은 우선 존재로부터 나오는 하나의 능력을 전제로 한다. "그것은 **내 권한 안에 있다**"라는 표현은 **나 자체로서** 어떤 일정한 행동들을 수행할 수 있다는 것을 의미한다. 따라서 만약 내가 나 자신이 어떠한 사람이라는 **것을** 모른다면, 내가 할 수 있는 **것이** 무엇인지도 알 수 없다.(데카르트를 보시오; 문헌 5) 반대로 **한 존재의 본질에 대한 인식은 우리에게 그의 능력을 연역할 수 있게** 해준다. 꿀벌의 특징을 안다는 것은 꿀벌이 할 수 있는 것이 무엇인지를 말할 수 있다는 것이다.(플라톤을 보시오; 문헌 2) 그러한 조건하에서 **권력은 존재가 자신 안에 보유하고 있는 잠재력의 현실화**일 뿐이다. 더 이상 새로운 것을 만들어 내지 않는다. 어떤 동물의 신체 기능에 대한 세밀한 조작에 의해 '인공적으로' 그 능력을 증대시킬 수 있다 하더라도 그 행동 능력은 그 동물의 체질이나 체격에 따른 효과일 뿐이고, 이를테면 "먹는 것에 대한 바람에서 나오는 움직임이 될"(데카르트를 보시오; 문헌 7) 뿐이다.

권력은 단순한 '~하는 능력'을 넘어선다. 그것은 '~에 대한' 능력을 전제로 한다. 권력은 행동하는 존재의 본질을 단순히 펼쳐 보여 주는 것이 아니다. 권력은 그것이 없이는 존재하지 않을 어떤 것을 그것 외부에 존재하게 한다. 권력은 따라서 본질적으로 현실의 자동성을 변화시키고, 그에 반대하는 능력인 것이다. 만약 인간이 가령 자연에 대한 어떤 능력을 갖고 있다면, 그것은 본질적으로 인간이 오직 그만이 할 수 있는 결과들을 만들어 낼 수 있기 때문이다. 권력은 사물들의 저항에 대립하기 위한, 또한 사물들의 것이 아닌 다른 계획에 따라 그것들을 구속하기 위한 노력을 전제로 한다. '~에 대한 권한'을 갖는다는 것은 열매를 얻기 위해 자신에게 '아픔을 부여하는' 것이다.(플라톤을 보시오; 문헌 2) 그러므로 **권력의 경험은 우리가 변화시키는 것에 대한 우위성의 경험이다.** 이러한 의미에서, 권력은 **지배**와 비교할 만하다. **권력자**(dominus)는 실제적으로 돌출된 입장을 가진다. 농부나 기술자가 사물이 그들에게 종속되도록 자신의 의지를 사물에게 강요하는 것처럼 권력자는 그의 의지를 그의 노예에게 강제할 수 있다.

이처럼 이해된 권력은 의지의 법 조항들을 부과토록 하는 힘의 사용을 의미한다. 지배는 가장 간단하게 구속에 의해서 실행된다.(루소를 보시오; 문헌 9) 따라서 각자는 타인들에게 자신의 의지를 강요할 이해 관계를 갖는다. **"~할 능력이 있다"와 "권좌에 있다" 사이에는 어떠한 중간 조치도 없다.** 지배와 마찬가지로 권력은 따라서 즉각적인 인간 관계의 중심에 있다. "지배 본능은 자신의 친구들 가운데서 한자리를 차지하기 위해 갖은 수단을 다하도록 (각자를) 부추긴다."(칸트를 보시오; 문헌 13)

하지만 이러한 권력에 대한 기술은 두 배로 축소된 성격을 띤다.

권력은 본질적으로 정치적인가?

무엇보다도 우선 권력에 대한 기술은 본질적인 차원을 엄폐하고 있다. 권력이라는 단어는 명사화된 동사로서, 행동 그 자체를 가리킨다기보다는 행동하기의 **가능성**을 의미한다. 그래서 구속은 완전하게 실행되어지는 힘이다. 구속은 그것이 어떤 효과를 산출하는 한에서만 존재한다. "최초의 힘을 초월하는 모든 힘은 그 권리를 계승한다." "효과는 원인과 함께 변화한다."(루소를 보시오; 문헌 9) **한편 권력은 힘을 계속해서 사용하지 않고도 존재할 수 있어야 한다.** 권력은 힘처럼 "경외심을 유지하지 못한다." 권력은 그 주변에 있는 왕홀(王笏)이나 모피, 오토바이를 탄 사람들에게 경호 받는 검은색 리무진과 같은 상징물들에 의해 "경외심을 불러일으킨다."

권력이란 따라서 지배와 구별되고, 권위의 현상으로부터 나온다. 권력은 사람들이 그에게 인정한 특권에 의한 행동을 조장한다.

하지만 권력은 권위로 축소될 수 없다. 실상 권력은 본질적으로 개인적인 영역에서는 시행되지 않는다. 주인이나 '권위자'의, 그의 제자들에 대한 권위는 집단적인 결과를 만들어 내는 것을 목적으로 삼지 않는다. 목적은 각각의 제자들이 지식과 사유에로 이행할 수 있도록 하는 것이다. 반대로 권력은 개인적으로 받아들여진 각자의 행동을 초월하는 결과를 가져오는 것을 목표로 한다. 권력은, 이를테면 도시국가의 **조화를 위한 하나의 수단**이다.(플라톤을 보시오; 문헌 3) 권력은, 이러한 관점에서 본질적으로 혼합적인 결과이다. 한편으로는 권력은 만장일치의 합의를 기다릴 수 없기에 일단의 힘을 사용해야만 하고, 다른 한편으로 권력은 본질적으로 수단이며 이성적인 주체들의 세계에서 실행되는 것이므로 그것이 추구하는 종국의 목표에 대한 생각으로 정당화되어야 한다.

나는 권력으로부터 벗어날 수 있을까?

정치적인 권력은 따라서 형이상학적인 전제들에 근거한다. 그것은 그 결과물들과 완전히 일치하지 않는 행동 능력을 전제로 하는데, 그렇다면 이러한 가능한 것과 실제적인 것 간의 대립은 단지 생각할 만한 것에 지나지 않는가?(니체를 보시오; 문헌 17) 권력은 개인을 초월하는 어떤 목적에 개인이 복종하는 것을 목표로 한다. 하지만 개인적인 행동들은 본의 아니게 사회적인 조화를 야기할 수 있고(칸트를 보시오; 문헌 13), 의지의 힘은 정확하게 그것 위의 어떠한 것도 인정하지 않는 것을 뜻한다.(니체를 보시오; 문헌 15)

이러한 변호에도 불구하고 **권력은 언제나 주관적인 의지를 중화시키는 교묘한 수단이 될 뿐이라는 의심을 받아야만 한다.** 권력이 상징적인 것을 사용하고, '사회적인 계획'을 참조하는 것은 언제나 '힘을 권리로 변화시키는' 것으로 귀결되는 외양상의 유희일 뿐인 것이다.

그러나 권력의 가장 가공할 만한 전략은 정치적인 담론의 사라짐이다. 구별할 수 없고, 논쟁에 주어진 아무런 목표도 없이, 권력은 그것이 스스로를 잊어버리게 만든다는 바로 그 사실에 의해 압제적이다. 권력이 가진 '부드러움'에 의해 그것은 구속보다도 훨씬 더 가공할 만한 것이 된다.(토크빌을 보시오; 문헌 14)

주체는 실상 그가 권력에 복종한다는 의식을 가지고 있는 이상 권력을 극복할 수 있는 수단을 갖고 있다. 나는 의심에 의해 모든 것을 부정할 수 있다. 즉 환상과 선입관에 사로잡힌 권력으로부터 탈출하기, 내가 원하지 않는다면 어떠한 것도 나를 결정지을 수 없다는 경험을 하기(데카르트를 보시오; 문헌 5), 개념들의 분석에 의해 신비에 싸인 듯 알 수 없는 의도들의 정체를 밝힐 수 있다는 것(루소를 보시오; 문헌 9) 등. 하지만 이러한 해방을 위한 작업은 권력이 '나에게서 생각하는 고뇌와 삶의 고통을 완전히 제거하지' 않았음을 전제로 한다.(토크빌을 보시오; 문헌 14) ……**철학의 죽음, 즉 비판적인 반성의 죽음은 따라서 무감각한 압제의 기초가 된다.**

종 교

우스꽝스러움과 숭엄함

음식에서의 터부나 성생활에서의 터부, 지복천년설, 지나친 맹신, 종교는 더 이상 그의 얼굴을 보여 주기 위해 볼테르주의적인 빈정거림을 필요로 하지 않는다. 하지만 오늘날 우리가 접하는 '교인들의 회귀' 또한 생산자와 소비자 혹은 단지 생물학적 재료로 축소된 인간의 반항이다.

풍자는 다른 곳에서와 마찬가지로 여기에서 성찰의 역할을 대신하지 못한다.

철학자에게 있어서 종교는 다른 것과 마찬가지로 사색의 대상이 될 수 있어야 한다. 따라서 인지할 수 있는 것을 넘어선 곳에 있는 종교는 의문 제기와 무관하다. 종교가 무엇인지를 묻는다는 것은 이미 불경함의 증거가 된다. 그러한 이유에서 소크라테스는 사형을 선고받았다. 따라서 이성은 사법권에 절대로 복종하면서 재판을 자처해선 안 되는 것이다.

따라서 만약 종교가 어떤 철학적인 의문의 대상이 된다면, 그것은 우선 까다로운 이성으로부터 도망치려는 종교의 의도로부터 나오는 것이다.

종교와 관계

라틴어 어원인 **연결하다**(religare)가 보여 주듯이, 종교는 본질적으로 관계이다. 역사적으로 종교의 형상들은 다양하다. 그 형상들은 그것들이 지지하는 관계의 유형에 따라 주로 다양화된다. **각 지방에 각각의 종교가**(cujus regio ejus religio)라는 원칙은 다신교에 대한 정당화의 하나이고, 종교를 하나의 사회적인 연결로 상정한다.

반대로 모든 인간의 창조자이자 구원자인 유일신을 주창하는 기독교는 스스로 보편적이길 바란다. 기독교의 기능은 정치적인 관계를 강화하는 것이 될 수 없다. 기독교의 목표는 인간과 신을 대면토록 하는 것이다.

따라서 우리는 보다 이후에 개신교 개혁의 항로에서 '자연교' 사상이 나타남을 본다. 즉 인간은 자신의 힘만으로 신과 연결될 수 있다는 것이다.

시민의 종교와 인간의 종교는 종교의 두 가지 상징적인 형상이다. 첫번째 경우에 인간들 사이의 관계는 '수평적'이다. 두번째 경우에 관계는 '수직적'인데, 그것은 인간과 신의 관계에만 연관된다.

이 두 가지 극단은 실제에서 제한적인 사고가 될 뿐이다. 종교의 고유한 성격과 종교를 또한 의심스럽게 만드는 것은, 첫번째 것을 두번째 것의 수단이 되게 하면서 두 유형의 관계를 구별한다. 종교는 실상 하나의 사회적인 구조로서 파악될 수 있다. 종교는 제도와 내재적인 권리, '허락된' 담론을 만들어 내고 제의를 완성하는 '사제들'로 이루어져 있다. **이러한 제도적인 면은 접근할 수 없는 초월성으로 접근하는 수단처럼 제시된다.** 가령 그가 받는 신탁이 신의 의지의 표명인 사제의 권한을 얻기 위해서는 델포이[19]의 아폴론[20]

의 신관을 거쳐야 한다.

기독교는 성장해 가고, 사회적 유형 관계에 대하여 중재적인 기능을 체계화한다. 종교의 객관적인 구조인 교회는 '그리스도의 신비스런 육체'로, 그리스도 교리의 연장으로, 그의 구세주로서의 행동으로 여겨진다.

이러한 종교의 경험적인 현실은 두 가지 커다란 의문을 제기한다. 초월성에 대한 이 문제는 그것 자체가 허망한 것이 아닌가? 만약 그렇지 않다면, 그것에 도달하기 위해 제도적인 중재의 필요성을 정당화할 수 있을까?

"여기에서 저기로 도망치기"

눈에 보이는 것 저편에 존재가 있다고 단언하는 것은 즉각적인 경험을 무시하는 것이다. 실상 여기가 아닌 저편에서 보다 심오하고, 보다 본질적인 현실을 찾으러 가야 하는 필요성을 위해, 눈에 보이는 것만으로는 충분하지 않다는 것을 미리 상정해 놓을 필요가 있다. 이러한 추론은 여기에 있는 것을 인정하는 힘을 갖지 못한 자의 것이다. 즉 우리가 벼락에서 볼 수 있는 것을 **초월하여** 존재하는, '벼락이라 불리는 주체의 나타남인 번개를 하나의 특이한 **행동**으로 여기기 위해 벼락을 그 빛으로부터 분리하는' '대중적인 지혜'로부터 나온다.(니체를 보시오; 문헌 16) 이러한 환상은 보호라는 무의식적 욕망에 의해 강화될 수 있다. 인간은 그를 비호하는 힘을 필요로 함을 충분히 보여 주고 있고(토크빌을 보시오; 문헌 14), 어떠한 것도 그러한 필요가 인간이 그것을 갖지 못했다고 말할 때 부재한다고 말할 수 없다.(프로이트를 보시오; 문헌 9)

하지만 초월성의 존재를 상정할 수 있게 해주는 심리적인 동기들과 그것을 이끄는 논증적인 이성을 구별해야 한다. 예를 들어 인식한다는 것은 경험적인 현실이 그 자체로 충분치 않다는 것을 보여 준다. 나는 미덕을 알기 위해서 가시적인 예들을 떠나서 모든 예시에 그 존재와 의미를 부여하는, 눈에 보이지 않는 본질을 포착해야만 한다. 따라서 만약 내가 가시적 존재들에게 공통적인 지적 형태를 포착하기 위해서 가시적 존재들을 초월할 수 있다면, 나 자신이 단순한 물질이 아닌 것이다.(플라톤을 보시오; 문헌 1과 4) 결국 신에 대한 사고는 정열에 의해 생겨난 상상력의 산물이 아니다. 그것은 차이에 의해서 인간을 보다 잘 이해하는 데 사용될 수 있는 내재적인 논리적 필연성을 갖는다.(데카르트를 보시오; 문헌 8)

가지적(可知的)이고 불변하며, 초월적인 현실에 대한 사고──혹은 그러한 존재──는 따라서 일단의 이성적인 정당성을 가질 수 있다. 하지만 정확하게 말해서 만약 이성이 스스로 여기까지 올 수 있다면, 중재의 필요성은 의심스러운 것이 된다.

중재, 곧 소외?

종교는 이성이 제공하지 못하는 것을 공급해 주는 수단처럼 나타난다. 종교의 본질에 있어서 신에 대한 인식은 실제적인 교우에 있다. 우리는 이성의 바깥에 위치해 있다. 하지만 저편 그 자체에 있는 것을 인식하는 것은 이성에 속한 일이다. 이성의 첫번째 일은 이성에게 있어서 인식 가능한 것과 그렇지 않은 것을 명확하고 명료하게 구별하는 것이다.(데카르트를 보시오; 문헌 5) 이성이 스스로를 비판하게 하는(그리스어로 *Krinein*은 구별하다를 의미) 그 일은

이성의 자율성의 근본이고 표현이다.(문헌 10을 보시오)

바로 여기에 종교의 정당성을 위한 조건이 있다. 이성은 모든 것을 다 알 수 없기 때문에 신앙에 근거한 지식 유형을 위한 자리가 있는 것이다. 하지만 이성은 본질적으로 비판하는 능력이므로 종교 분야를 한정짓는 일은 바로 이성에 속하는 것이다. 종교는 이성이 달리 알고 있는 것들과 함께, 그 자체가 부조리하고 모순적인 언술들을 믿으라고 말할 수 없다. 맹신은 종교로 하여금 이성의 재판소가 되게 하는 것이지, 그 반대는 아니다.

사회—국가

동물적인 사회와 낚시질 사회

사회, 자연적인가 혹은 문화적인가?

어원적으로 보면 사회라는 단어는 라틴어 *socius*에서 나온 것으로 협력자를 가리킨다. 따라서 사회는 양가적이다. 한편으로 사회는 공통된 목표에 의해 정렬된 자발적인 관계를 상정하고, 그러한 의미에서 우리는 예를 들어 '낚시질 사회'에 대해 말할 수 있다. 다른 한편으로는 필요의 체계와 연관되고, 유감을 감내하며, '동물적인 사회'와 비교될 수 있는 비자발적인 관계를 유발한다. 첫번째 경우에 인간 개인들은 평등하고 자유로우며, 서로 '연합되어' 있다. 두번째 경우에 그들은 경제적인 상황이나 나이에 따라 서로 구별되고, 서로 의존 관계에 있다. 그렇다면 어떻게 개념의 통일성을 이해할 수 있을까? 또한 어떻게 인간과 국가의 관계를 설정할 수 있을까? 만약 사회가 필요의 자동성에 근거해 있다면, 사회는 법에 의해 질서를 부여하기 원하는 국가에 대립되는 경향을 갖게 된다. 만약 반대로 사회가 주체들의 조합이라면, 사회는 부수적인 법 제도를 무위한 것으로 만든다.

사회, 즉 개인에 선행하는 조직체

분석에 있어서 첫번째로 제기되는 사실은 **필요에 연결된 관계들의 체계로서의 사회**이다. 학자, 박애주의자, 혹은 죄인들의 '사회'는 사실 각자 자신의 필요를 만족시키지 못하는 무능력으로 이루어진 전반적인 사회 내부의 예외적인 경우이다. 모든 이는 똑같은 능력을 갖고 있지 않다. 서로 상이한 업무들이 같은 시간에 행해지도록 요구될 수도 있다.(플라톤을 보시오; 문헌 2) 이러한 관점에서 사회는 하나의 조직체에 비교할 만하다. 각자는 스스로를 매우 광범위하게 초월하는 어떤 기능을 수행하고, 모든 사람은 같은 삶에 참여한다.(문헌 2와 3) 불공평성과 상호 의존성에 기초한 사회는 모든 이들이 그 일원인 유일한 존재와도 같다. 라 퐁텐[21]의《사지와 위장》[22]이라는 우화에서 특히 반복되는 이러한 은유는 가장 덜 의심스러운 함축성을 가진다. 사실상 만약 사회가 전체라면, 그 전체는 부분들보다 상위에 있고, 전체의 생존이 일부 구성원들의 생존보다 우선시되어야 한다고 결론지어야 할 것이다. 우리는 불가피한 모순에 직면해 있다. 개인들의 필요를 만족시키기 위한 수단으로서의 필요성, 사회 그 자체가 최종적인 목적이 된다는 것이다. 사회는 본질적으로 항상 소외시키는 성격을 띠며, 개인을 그 자신에게서 분리시키고, 개인에게 전체의 기능에 필요한 규범들을 주입시키면서 그의 무의식을 조건짓는다.(프로이트를 보시오; 문헌 19)

사회의 기반이 되는 개인

합법적인 현실로 사회를 생각하는 유일한 방법은 따라서 그 뿌리로 돌아가는 일이 될 것이다. 그것은 바로 연합이다. 필요에 의해 유발된 단순한 물물 교환은 진정한 사회를 구성하지 못하고, 단지 시장이나 사람들의 무리를 이룰 수 있을 뿐이다. 우리가 힘의 관계 속에 있는 한, 유일하게 물리적인 필요성만이 나를 타인과 이어 주는 '유대'를 합리적으로 만들어 주기에 충분하다. 사회라는 개념은 여기에서 그 자리를 차지하지 못한다.(루소를 보시오; 문헌 9) 만약 개념이 어떤 의미를 가진다면, 개념은 어떤 특수한 관계 유형을 포괄해야 한다. 그것은 의지에 기초한 집단적인 관계를 의미한다. 실상 내가 타인에게서 나와 같은 이성적인 주체를 인정한다는 맥락하에서만 신중한 관계가 성립될 수 있다.(데카르트를 보시오; 문헌 7) 이러한 관계는 따라서 필연적으로 사유의 중재를 거친다.(문헌 9를 보시오) 그러므로 사회의 기초에는 명시적인 합의가 있다. 사회의 기원에 관한 문제는 단순한 호기심의 문제가 아니다. 그것은 사회의 본질을 드러나게 해준다. **즉 진정한 사회는 불가피하게 하나의 계약에 근거하고 있다.** 우리가 일상적으로 경험하고 있는 사회는 그 개념과 일치하지 않는다. 우리는 사회를 하나의 모여듦, 혼돈스럽고 갈등적인 힘의 유희로 부르는 데에 익숙해져 있다.

따라서 사회적 계약은 스스로 내재적인 문제점들을 제공한다. 계약을 맺기 위해서는 서로 의견 일치를 보아야 하고, 그러기 위해서는 서로를 이해해야 하며, 따라서 공통된 언어를 갖고 있어야 한다. 그렇다면 이전의 공통적인 사회가 없다면 사회적 계약은 어디로부터 올 수 있는가? 계약을 맺기 위해서는 타인을 주체로서 인정하고, 자신의 약속을 지키는 능력을 보증해야 한다. 사회의 중심부에 드나들지 않는다면, 어떻게 그것을 할 수 있을 것인가? 그러므로 **근본적으로는 사회가 개인을 만든다**는 것을 인정해야 할 것이다.

사회와 개인의 인간되기

사실에서 권리로

실상 사회는 필요에 의해 기초되긴 하였지만 생리학적인 차원을 명백하게 넘어선다. **개인이 자신의 필요를 스스로 충족시키지 못하는 무능력은 대상에 대한 필요를 타인에 대한 필요로 전환시켰다.** 여기에서 개인은 주관적이고 엄밀하게 구체적인 자신의 관점을 초월하게 된다.(플라톤을 보시오; 문헌 2) 개인은 유산에 의해, 타인의 판단과 맞부딪침에 의해 자신을 형성한다.(문헌 2와 문헌 1을 보시오) 필요가 더 이상 타인의 필요가 되지 못할 때, 사회는 집단의 이익을 위해 사라졌다. 개인주의를 만들어 낸 사실상의 평등은 사회를 죽음에 처하게 한다.(토크빌을 보시오; 문헌 14) 따라서 사회적인 관계 내에서 인간의 잠재력은 발전되고, 전원 생활을 떠나면서 인간은 실제적으로 자기 자신이 된다.(칸트를 보시오; 문헌 13)

따라서 모든 것은 마치 인간 사회가 동물 사회와는 달리 역동성 안에 있는 것처럼 진행된다. 마치 그것과 반대되는 것을 본의 아니게 산출해 내는 것처럼. 어떤 필연성에 기초하여 사회는 권리 관계로 이끌린다. 본질적으로 정열의 유희에 의해 작업된 사회는 합리적인 조화를 만들어 낸다. 오직 개인적인 사정에 의해서만 움직이

는 사회는 조화의 원인이 된다.(같은 문헌)

그러므로 인간 사회는 결코 합리적으로 명령하고 구축하는 규칙들의 총합인 국가를 필요로 하지 않는다.

그러나 각 존재에게 어떤 자리와 기능을 아무런 성찰 없이 부여하는 본능에 의해 인간 사회가 미리 결정되지 않는다는 맥락하에서, 사회는 개인적인 정열의 돌발성에 복종한다. 오늘날 우리가 이해하는 바대로의 '민간 사회'는 정확하게 집단적인 목적을 띠지 않는 활동들을 가리킨다. 따라서 모임이나, 예를 들어 압력 단체, 금전·방어·안전을 위한 단체 등에 근본적으로 굴복할 수 없는 무언가를 보장하기 위해서 한정된 관점들을 초월하는 권위가 있어야 한다.

개인의 부채와 이성이 가진 안정시키는 힘, 이것들은 사회와 국가의 주요한 두 가지 전제이다. 그것들은 가치의 창조와 창조적인 변전에 가치를 부여하는 자에게는 받아들일 수 없는 것이다.(니체를 보시오; 문헌 18)

기 술

프로메테우스 콤플렉스

신에게서 불과 기술적인 이성을 훔친 죄로 사슬에 묶인 프로메테우스[23]…… 그의 덕분으로 인간은 자연을 **변화시키고**, 자연의 조건을 극복할 수 있다. 신의 권력을 빼앗은 데 대한 자만과 더불어, 그러한 불경스러운 행동으로 인간을 내몬 것은 살아남기 위한 필요성 때문이다. 프로메테우스의 쌍둥이 형제인 에피메데우스[24]는 천성적인 특질들을 분배함에 있어서 인간을 망각하고 있었다.

기술은 인간의 존재론적인 상황으로부터 유래한다. 즉 유약한 인간은 살아남지 못한다. 예를 들어 인간의 손은 모든 것을 할 수 있기도 하고, 또한 아무것도 할 수 없기도 하다. 장소에 대한 적응도 즉각적이지 않다. 겨울에는 털이 많아지고, 봄에는 털갈이를 하는 일이 인간에게는 일어나지 않는다!

인간은 따라서 자연에 적응하고 자연을 자신의 필요에 적응시키기 위해 본능을 성찰로 교체해야 하는 형벌에 처해진다. 여기에서 바로 기술이 시작되는 것이다. (플라톤을 보시오; 문헌2)

비버와 벽돌공

동물과 그 환경 사이를 지배하는 조화로움에 비교해 볼 때 인간의 허약함은 연민을 자아낼 정도이다. 동물은 그들의 용이함과 적합성으로 매혹적인 '기술'을 발휘한다. 아무 걱정이 없듯이 또한 아무 주저함도 없이, 거미는 거미줄을 엮고, 비버는 댐을 만든다. 도구와 기계는 무용하다. 어떠한 폭력이나 인공물도 없다.

동물과는 달리 인간은 자연과 복잡한 연관을 맺고 있다. 인간 육체의 나약함을 극복하기 위해서 인간은 도구들을 개발해야 한다. 동물들이 사용하는 보조 도구와는 달리——바나나를 떨어뜨리기 위한 나무막대기——인간에게 있어서 도구는 정확한 목적을 위해 제조되고, 다음 용도를 위해서 보관된다. 따라서 인간은 과거의 보존과 미래에 대한 예상을 상정한다. 시간에 대한 이러한 특별한 연관은 배가된다. 도구는 그것을 사용하는 기술자를 초월하여 존속한다. 그러므로 도구는 그것을 통해 지식이 전달되는 매개물이 된다. 그것은 경험의 축적을 가능하게 하고, 인간을 공통된 역사 속으로 들어가게 한다.

인간의 결여는 따라서 인간 자유의 조건이 된다.

기술에 의해서 정신은 자연을 사로잡고, 점령한다.

인간은 사물들 속에 그것들의 본질 속에 들어 있지 않은 어떤 형태를 끼워넣는다. '동물의 기술'과는 달리 이 새로운 형태는 우선 하나의 생각이다. 집을 만들려면 설계도가 필요하듯이 말이다. 그러므로 기술은 정신에 의해 시간의 선적인 성질을 뒤집는다. 목적에 대한 생각이 수단을 결정짓는다. 더 나아가서 **생각은 원인이 된다.** 집은 설계도에 결함이 없을 때에 올바르게 세워진다.

정신은 따라서 자연의 필요성을 자신의 이익에 맞게 바꿔 놓는 능력을 갖고 있다. 물리적인 법칙을 변화시킴 없이——그것은 불가능하므로——정신은 목적에 맞게 법칙들을 이용한다. 예를 들어 중력이 높은 성벽을 쌓는 데 유용하듯이 말이다. 이러한 **정신의 꾀**는 자유의 연습이기도 하다. 자유는 혼돈이나 무한한 권력을 상정하지 않는다.(데카르트를 보시오; 문헌 8) 오히려 그 반대인데, 그러한 것들을 초월할 수 있는 자연의 일정한 규칙성이 있기 때문이다.

따라서 기술에 의해서 정신은 현실과 그 자신에 대한 소유권을 갖는다. 그것은 정신이, 그것이 작용할 수 있는 사물들과 스스로를 혼동하지 않는 한에서 그러하다. 대상물과 구별되는 주체의 작품인 기술은(데카르트를 보시오; 문헌 5) 지식을 가진 주체의 작품이기도 하다.

과학과 기술

과학과 일반적인 지식이 가능성 있는 기술적인 개발에 근거를 갖고, 또한 기술이 언제나 이론적인 지식에 기초하고 있는 것처럼, 따라서 과학과 기술을 연결시키는 것은 일상적인 일이다.

하지만 기술과 사고의 역사는 이러한 연관이 전혀 필요하지 않음을 보여 준다. 즉 기술은 경험적일 수 있기에, 원인에 의한 설명으로까지 가지 않고 관찰만으로도 충분할 수 있는데, 즉 파이(π) 공식을 발견하기 전에 인간은 이미 바퀴를 만들어 냈다. **지식이란 무상적인 것이 될 수 있고**, 유용성에 의해 정당화되지 않을 수도 있다. 철학자들의 지식은 제작자들의 능력보다 더한 가치를 갖는다.(플라톤을 보시오; 문헌 3)

현대성의 특징들 중 하나는 분명 그것이 가진 두 가지 전제로 환원된다. 오늘날 진정한 기술은 자연에 대한 양적인 지식에 기초한 과학적인 것이어야 한다.(데카르트를 보시오; 문헌 6) 그러므로 어떤 과학적인 지식에 대한 가장 좋은 검증은 그것이 기술적인 적용을 할 수 있는가 하는 능력이다. 손에 잡히는 결과는 증거의 구실이 된다. 기술은 기술력, 즉 전문 기술인이 된다. 기술력의 대상이 되는 것은 즉각적인 지각을 위한 추상이다. 힘의 영역이나 광자(光子) 등, 물질과의 접촉은 기계에 대한 과학적인 제어로 대체된다. 도구와 달리 스스로 움직이는 기계는 인간과 세계의 관계를 연장시키는 것이 아니라 대체한다.

기술력 속에서 스스로 완성형을 본다고 믿는 기술은 최고 권력을 가진 객관적인 것으로 나타난다.

하지만 **모든 것에서 기술이 있을 수 있는가?** 생각은 절차를 정하는 것으로 축소될 수 없다.(데카르트를 보시오; 문헌 5) 정책은 수단의 문제로 한정될 수 없고, 우선 목적에 대한 문제를 제기해야 하기 때문이다.(플라톤을 보시오; 문헌 3) 반대의 경우에 정책은 인간을 소외시키는 것이 된다.(토크빌을 보시오; 문헌 14) **기술은 중립적인가?** "수단은 좋은 것도, 나쁜 것도 아니다"라고 우리는 말한다. 원자력은 전기와 폭탄의 생산을 가능케 하고, 의술은 삶과 죽음의 부름에 따른다. 모든 것은 그 사용에 달려 있고, 이러한 물음은 더 이상 기술과 상관되지 않는다. 실제로 기술은 '어떻게'를 신경 쓰지, '왜'에 의문을 갖지 않는다.(칸트를 보시오; 문헌 12) 그러기 위해서 기술은 그 대상의 외적인 모든 것으로부터 벗어나기 위해 노력해야 한다. 즉 미학적(밀랍 조각에 대한 주관적인 차원을 고려할 수는 없다)·도덕적·정치적인 특징들로부터 벗어나야 된다. 하지만 그러한 선택은 이미 전제 조건들 위에 기초한다. 자연은 본질적으로 개발 가능한 잠재성이다. 인간은 언제나 가능한 한 가장 큰 효율성을 목표로 해야 한다. 스스로는 그 어떠한 것도, 그 자신 조차 그의 능력과 무관하지 않다.

도덕은 사후에 기술적인 능력 자체에 대해 중립적인 것으로 규정할 것이다. 그것은 기술적인 능력 그 자체가, 도덕적이고 이데올로기적인 문제를 해결해야 하는 필요성을 갖고 있음을 망각하는 것이다.

노 동

사물들은 일하는가?

"당신의 돈을 일하게 하시오"

아버지 그랑데[25]는 아르파공과 구별된다. 현대적인 '구두쇠'의 전형인 그는 "돈이 일을 한다"는 것을 알고 있었다. 만질 수 없는 금으로 가득 찬 금고와는 달리, 투기적인 움직임은 '살아 있고' …… 돈은 연극적인 움직임으로 이루어진 극적인 **시간 속에서 불어 나간다.** 이러한 의미에서 돈이 일한다고 말하는 것이다. 여기에서 노동은 **생산적인 과정**으로 환원된다. 이러한 맥락에서 돈은 매혹적이다. "돈이 일한다"는 **내가** 일하는 것이 아님을 의미한다. 돈이 스스로 불어 나간다는 것이다. 근면성은 사라졌다. 투기적인 행동은 간접적이다. 흥분된 주의나 조심스러운 끈기인 투기적인 행동은 항상 외적인 것이다. 여기에 있어서 투기적인 행동은 '땅에 대한 노동'이나 '출산'과는 다르다. 왜냐하면 그러한 생산 과정은 직접적이고 장기적이며 고통스러운 행동에 의해 일어나기 때문이다.

노동은 실상 언제나 고통스럽다. 사물에 대한 노력이나 자기 자신에 대한 노력도 마찬가지이다. 실제로 사물들이 저항하기 때문에 '**그것들을 작업해야**' 할 필요가 있다. 땅에 **대한** 노동은 단지 땅에 **관계된** 노동만은 아니다. 그것은 되돌아가고, 뒤섞고, 적당한 것으로 만드는 노동이다. 노동이란 이처럼 장기간의 작업이다. 언제든 그만둘 수 있고, 아무 피해 없이 다시 시작할 수 있는 휴식을 위한 행동과는 달리 노동이란 계속적인 참여를 요구한다. 그것은 우리에게 노동의 법칙을 강요하고, 인내심과 참을성을 강요한다. 사물들의 저항에 대한 경험은 또한 자기 자신에 대한 경험이다. 육체는 피로해지고, 주의력은 약해지며, 정신은 흐려진다. 이러한 무기력은 기대하고 있는 결과를 가져오기 위해서는 극복되어야 한다. 그런 의미에서 노동은 **생산적인 과정을 완수하기 위한 계속적인 노력**이라 말할 수 있다.

하지만 노동은 생산에 한정되어 있지 않다. 변호사나 교수, 우체부나 보조 매니저의 일은 아무것도 생산하지 않는다. 그들의 노동은 경제적인 부가가치의 관점에서 측정될 수 없다. 그것이 만들어내는 현실의 변화는 다른 어떤 존재를 있게 하지 않는다. 생산의 개념은 여기에서 서비스의 개념으로 대체되어야 한다.

그러므로 노동은 보다 광의적인 방식으로 여겨질 수 있다. 생산이 그 수단들 중 하나와 같이 서비스의 개념에 포함될 수 있는 것처럼 말이다. 노동은 본질적으로 **서비스를 위해 당장을 고통스럽게 극복하는 것으로 나타난다.**

우리는 여기에 중대한 요소가 있는 것을 본다. 그것은 바로 노동의 **사회적인 범위**이다. 개인적인 목적을 갖는 여가 선용은 그것이 여러 번에 걸쳐 실행될 수 있다. 하지만 그것과는 달리 노동은 관계의 망 속에 삽입된다. 다른 사람들은 나의 노동을 기대하고, 그것은 내가 그들의 노동을 기대하는 것과 마찬가지이다. 혼자서 자기 필요의 전부를 충족시키지 못하는 우리 각자의 무능력은 노동에 대한 사회적인 분할을 필요로 한다.(플라톤을 보시오; 문헌 2)

스스로 고통스럽고, 단일하며, 사회적으로 구속적인 노동은 그것의 추정된 어원과 일치하는 듯이 보인다. 즉 그것은 어원상 진짜

고문 기구(라틴어로는 *tripalium*)라는 뜻이다.

노동, 그것은 숙명적인 불운인가?

창세기에서 원죄를 뒤따르는 처벌은 다음의 의미로 이행하는 것처럼 보인다. 즉 "네 이마의 땀방울로 너의 **빵**을 얻으리라."

사실 노동은 인간에게 마치 숙명처럼 주어진다. 생존하기 위한 필요 수단인 **노동은 인간을 필요의 긴급성에서 제외시킨다.** 자신을 대신하여 노예들을 일하게 만들었던 그리스인들은 그것을 이해하고 있었다. 자유로운 인간은 지적 능력이 욕망의 위에 있듯이, 노예적인 행위를 초월하여 존재한다.(플라톤을 보시오; 문헌 3) 인간은 생각하고 대화하는 **여유**를 갖지만, 노동의 구속으로부터 엄밀히 도피하기 위해서 **여유**를 필요로 하지는 않는다. 노동으로부터 도피하면서 인간은 언제나 행동을, 목적을 떠난 목적성으로 정당화하기를 원하는 도덕주의적인 경향으로부터 벗어난다.(니체를 보시오; 문헌 17) 인간은 또한 전체 구조가 기능하기 위해서 개인을 단순한 일부분으로써 일하도록 강요하는 **사회적인 구속**으로부터 벗어났다. 따라서 인간에게 있어서 "나는 원한다"는 "너는 해야 한다"에 종속되지 않는다.(니체를 보시오; 문헌 15)

볼테르와 같은 사유자들에 의한 노동에 대한 가치 부여는 따라서 의심스러운 것이 될 것이다. 사실상의 필요인 노동은 도덕적인 이상이 될 수 없다. 게다가 노동은 본질적으로 의지를 규제하는 수단으로, 행동을 조절하는 수단으로 드러난다.

하지만 여기에 노동의 본질이 있는 것인가? 사실상 사물들이 일하지 않는다 해도 노동에는 특별하게 인간적인 어떤 것이 있을 것이다.

노동은 인간적일 수 있는가?

노동 없는 세상이라는 이상은 모순 없는 세상, '아카디아의 목동'(칸트를 보시오; 문헌 13)의 세상에 대한 이상이다. 하지만 정확히 말해서 인간이 자신의 모든 필요를 즉시 만족시키지 못하기 때문에 자신의 **잠재 능력을 개발하기**에 이른 것이다. 인간의 천성적인 나태함은 극복되었다.

과정으로서의 노동은 나의 필요에 대한 만족과 그것으로부터의 해방을 강요한다. 노력이라는 경험에 의해서, 노동은 차이와 대조의 유희에 의해 나를 내 자신에 대해 의식하도록 이끈다. 일의 필수적인 분할에 의해서, 노동은 내가 필요로부터 추상화로 이행하게 만든다.(플라톤을 보시오; 문헌 2) 내 노동의 결실은 다른 사람들의 노동과 동급이 될 수 있어야 한다. 나는 이를테면 사용법, 과거 시간, 요구 조건, 가치를 지닌 상징, 화폐와 같은 공통된 가치를 찾아내야 한다.

노동을 통해 만들어지는 이러한 상호 의존의 관계는 **개인에게 있어서는 인정받기 위한 수단**이다. 실상 단순히 하나의 도구로서가 아니라 언제나 스스로가 하나의 목적으로 여겨져야 하는 개인은(칸트를 보시오; 문헌 12) 모순적이게도 '스스로 유용하게 느껴야' 하는 본질적인 필요성을 갖는다. 유용성이란 타인들의 눈앞에, 그들의 불멸성에도 불구하고 존재할 수 있는 수단일 것이다. 내가 존재한다는 것만으로 내가 존재할 수 없다면, 나는 적어도 내가 만들어 내는 것으로써 존재하게 되는 것이다. 노동은 따라서 타인에 대해 각자가 갖는 무관심의 경향을 교정해 준다. 하지만 노동은 동시에 너무 과중한 의존적인 관계 또한 극복하도록 해준다. 만약 내가 일할 수 있다면, 나는 가장 강력하고 가장 교묘한 힘에 종속되지 않을 것이다.(같은 문헌)

노동의 필요성이 없다면, 나는 사물들 속에 있는 하나의 사물일 것이다. 노동에 의해서 인간은 자신과 사물의 주인이 된다. 노동이 야기하는 고통에 의한 형벌이 되기 이전에, 노동은 인간 최고 권위의 기호인 것이다.(창세기 2장 15절을 보시오)[26]

진 리

진리란 무엇인가? 드러내기인가?

진리는 이론적인 동시에 도덕적인 요구에 일치하는 것처럼 보인다. 앎은 진실**해야 된다**. 행동은 평가의 잘못이나 거짓말에 근거하**지 않아야 한다**.(칸트를 보시오; 문헌 3)

실천적인 면에서 모든 것은 마치 진리가 정의의 조건인 것처럼 진행된다. 예를 들어 어떤 재판 과정은 '그 일에 모든 빛을 비추는 것'을 목표로 한다. 진리는 이처럼 드러내기의 개념과 연관되어 있다. 우리는 사실들에 드리워진 한 구석의 베일을 걷어올리려고 애쓸 것이다.

여기에서 진리의 고유성은 아무것도 창조해 내지 않는 것이다. 그저 있는 것을 보여 주는 것이고, 우리가 그것에 대해 말할 수 있는 바에 의해 그것을 변경시키지 않는 것이다. 예를 들어 어떤 재판에서 사실들의 '현실'은 우리가 그것을 진실하게 알게 되기 이전에 이미 존재하고 있다. 그러므로 현실과 진리를 구별해야 한다. "그것은 진실이야"라는 말은 엄격하게 말해서 "그것은 현실이야"의 동의어가 아니다. 하지만 누군가 진실을 말한다고 주장할 때, 그는 현실에 있는 것을 말하려고 든다. 나는 어떤 것에 대해서 "내가 지어낸 것이 아니야"라고 선언한다. 마찬가지로 어떤 상황이나 사물의 경우, 진실은 현실이 허구에 대립하듯이 거짓에 대립한다.

어린이가 '진짜로'라고 말할 때, 그 아이는 단순한 상상의 유희와 구별되기를 바란다. '진짜' 반 고흐의 작품은 아류작이 아니다.

이러한 예들은 진리의 특수성을 명확히 해준다. 즉 모든 경우에 언어 작업이 존재한다. **진리는 내가 어떤 것에 대해 말한 바와 관계없는 것만큼 내가 말하는 그 대상과도 관계가 없다.**

실상 자신의 유희가 갖는 진실성에 대해 화를 낼 정도로 고집하는 어린이는, 그가 묘사하는 것이 실제로 그가 없이도 존재하는 상황이 되리라고 믿기 원한다. 마찬가지로 '진짜' 반 고흐의 작품은 반 고흐에 의해서 그려진 것이라고 **말하는 것**이 맞는 그림인 것이다.

그러므로 진리는 언어를 전제로 하고…… 또한 언어의 특별한 사용인 것이다. **한 언술이 언급된 주체의 어떤 것을 긍정하거나 혹은 부정하기를 원하는 데에는 진리 혹은 잘못이 있기 마련이다. 진리나 잘못은 판단 속에서만 존재할 수 있다.**

사실상 언어는 진리의 문제와는 그 자체 내에서 근본적으로 상관없는 수많은 용도를 갖는다. 예를 들어 어떤 문제, 어떤 문제나 순서, 지어낸 이야기는 참도 거짓도 아니다.

진리나 잘못은 담론이 묘사적인 것으로 드러나는 즉시 생각할 수 있는 것이 된다.

진리는 하나의 사물로 드러나지는 않지만, **본질적으로 한 언술과 그 대상 사이의 일치 관계로 드러난다.**

이러한 맥락에서 진리는 드러내기이고(그리스어로 *alétéia*는 드러내기와 동시에 진리를 의미한다), 어떤 것의 있는 그대로의 표현이다. 진리는 하나의 전환을 상정한다. 나는 그늘과 환상 혹은 단순한 예시들로부터 등을 돌려 그것들을 정확하게 말할 수 있는 방식으로 현실을 향해 나아가야 한다. 그것은 진리가 현실을 그 명료함

속에서 볼 것이기 때문이다. 여기에 앎에 대한 모든 플라톤식 분석이 있다. 이러한 움직임은 변증법적이다.(문헌 1을 보시오)

진리 혹은 나의 진실?

하지만 이러한 전환의 움직임은 모순적이다. 신봉자는 스스로 생각하고, 사유를 향해 몸을 돌리려는 노력을 한다. 하지만 그의 생각이 갖는 진리는 그 자신에 기인하지 않는다. 진리가 언술과 그 대상 사이의 관계에 위치할 때부터 언술을 말하는 자가 누구인가는 중요하지 않다. 기계는 진실을 말할 수 있다. 그리고 나는 내 생각이 참이 아니면서도 진실할 수 있다. **언술을 참으로 만드는 것은 그것에 대해 갖는 사람들의 의견이 아니라 있는 것에 대한 일치이다.** "각자 나름대로 진실이 있다"라는 표현은 우리가 객관적으로 있는 것에 대해 말하는 것이 아니라, 각자 느낀 것에 대해 표현한다는 것을 말하고자 한다.

이러한 조건 속에서, 진리가 이해나 검증·증명, 혹은 개인이 자신의 언술이 갖는 진리를 검사할 수 있는 모든 과정들과는 독립적으로 존재한다고 결론지을 수 있다. 양쪽은 서로 뒤섞일 수 없다. 따라서 말하는 자에게 동의한 확신 외에는 다른 객관적인 정당화 없이 인정된 '신념의 진리'는 참일 수 있다. 내가 그 언술이 참이라고 '여기는' 이유가 그 언술을 참으로 만드는 것은 결코 아니다.

하지만 합리적인 지식의 이상은 우리를 그렇게 존재할 수 있다고 믿는 것을 참으로 여기도록 강요한다. 이성이 접근하지 못하는 분야들을 제외하면, 이성 없이 어떤 것을 참으로 말하는 것은 정당하지 못하다. 사실 수학 선생님의 말을 믿는 것은 정상이 아니다.

역사적으로 그러함이 이해되어 오긴 했지만 말이다. 하지만 수학과는 달리 나 자신이 직접 모든 것을 증명하고 검사해 볼 수는 없다.

따라서 우리에게는 우리가 진리에 대해 갖는 이해를 진리의 본질로 여겨야만 한다. 이성적인 분야에 있어서 **우연히 찾아진 진리는 진리가 아니다.** 사실 나는 그 반대로 말할 수도 있을 것이다. 따라서 나는 내가 의심할 수 없는, 필연성으로 기초된 것처럼 느껴지는 것을 진리로 여겨서는 안 된다.(데카르트를 보시오; 문헌 5) 그러므로 진리는 언제나 '나의' 진리가 되어야 한다. 하지만 그것은 내가 진리를 다른 누구와도 나누지 말아야 함을 의미하지는 않는다. 수학적인 증명은 나에게 있어서 내가 그것을 이해하는 즉시 참이 된다. 그것은 다른 사람들에게 있어서도 그리 다르지 않다. 진리에 대한 이해를 창조와 혼동해서는 안 된다. 나는 이해하면서 어떠한 것도 지어내지 않고, 우리가 동일한 것을 이해할 수 있는 무한한 집단이 될 수 있다는 경험을 하면서 나 자신을 진리에 적합하게 만든다.(플라톤을 보시오; 문헌 1)

교화적인 진리? 환상을 더 선호해야만 하는가?

진리는 이해라는 동일한 행동 속에서 나를 다른 사람들과 소통하게 해준다. 진리는 나로 하여금 내 담론을 넘어선 현실로 이행하게 해준다. 진리는 따라서 관조(觀照)하는 태도와 연관되어 있다.

진리가 갖는 명백한 단순성 속에서 그것은 전제들로 가득 차 있다. 즉 인식할 수 있는 능력을 가진 안정된 나에 대한 전제, 인식될 수 있는 안정된 사물들의 존재에 대한 전제, 대상 없이, 공허한 것일 수 없는 단어들에 대한 전제. 그런데 만약 이러함이 환상에 속한다면? 만약 진리로의 이행을 꿈꾸는 것이 혼돈과 언어의 무상성, 자아의 거만함을 똑바로 바라보기를 거부하는 나쁜 의도라는 가면에 가려진 형태였을 뿐이라면?(니체를 보시오; 문헌 15와 16)

역 주

I. 문헌

1) Platon(B.C. 428/427–B.C. 348/347): 고대 그리스의 철학자. 논리학·인식론·형이상학 등의 철학 체계 전개. 이성주의적 윤리학의 입장 고수. 소크라테스의 합리적 방법과 윤리에 대한 관심을 이어받음. 플라톤의 대화편에 나오는 인물들은 모두 역사적 실존 인물이며, 대체로 소크라테스가 주인공으로 등장한다.

2) 《Menon》: 플라톤의 대화록. 소크라테스는 그의 대화자들과 함께 두 가지 질문에 대한 답을 찾으려 한다. 즉 덕성(arte)의 정의는 무엇이며, 덕성은 교육될 수 있는 것인가. 소크라테스는 그의 대화자들이 덕성이란 선행이지만 자연의 선물이 아니며, 교육될 수 있는 것이 아님을 깨닫게 한다. 이 대화편에서 최초로 오래전에 이미 배운 진리들을 다시 기억해 내는 상기(想起; anamnesis)가 나온다. 기하학을 배운 적 없는 노예 소년이 수학적 진리들을 인식하기에 이르는 과정을 예로 들면서, 노예 소년이 자기 자신으로부터 정답을 이끌어 내는 것을 보여 준다. 이 대화편에서는 지식(episteme)과 참된 믿음(alethes doxa)을 구별하고, 덕성은 교육에 의해서가 아니라 신의 선물로 이루어지는 것임을 암시하면서 끝난다.

3) 《Politeia》: 플라톤의 대화록. 총 10권. 올바름(正義)의 바른 개념을 찾아서, 소크라테스는 전형적인 도시국가를 묘사하기에 이른다. 이성, 욕구, 기개의 세 가지로 나뉘는 영혼처럼 전형적인 도시국가는 통치자, 생산자, 군인의 세 계층으로 나뉜다. 각 계층에게 필요한 주요 덕목은 바로 지혜, 절제, 용기이다. 정의는 도시국가에서처럼 영혼을 지배하는 질서와 계급상의 균형이다. 변증법에 의해 참과 선의 인식으로 성장하는 유일한 인간인 '철학자–군주'는 도시국가를 정의롭게 통치할 수 있다. 타락한 정치 형태로서 금권 정치, 과두 정치, 전제 정치 등을 들고 있는 이 저서는 정치적 유토피아의 전형으로 여겨지고, 또한 일부에서는 사회적 인간에 대한 최초의 표현으로 여겨지기도 한다.

4) paradeigma(그리스어): 모범. 본(本). 감각으로 지각되는 물리적 세계

는 끊임없이 변화하기 때문에 감각적 지식들은 제한적일 수밖에 없지만, 지성으로 파악한 형상들의 영역은 영원 불변적이다. 따라서 개개의 형상은 이 세계 속에 있는 사물들을 특성짓는 범주로서의 모범이며, 사물들은 이 완전한 형상들의 불완전한 모사에 불과하다는 것이다.

5) 《Symposion》: 플라톤의 초기 저작의 하나로, 소크라테스를 비롯하여 그리스 일류 문화인들이 한곳에 모여 사랑에 관해 여러 관점에서 이야기한 대화편. 아가톤의 집에 모인 여러 손님들이 각자 한 명씩 사랑에 대해 연설을 한다. 소크라테스는 만티네이아의 여사제인 디오티마에게서 들은 이야기를 말하면서, 사랑을 죽은 자와 산 자, 무지와 과학 사이를 중개하는 존재로, 불멸성에 대한 욕망과 아름다움 그 자체에 대한 염원으로 서술한다. 변증법은 연속적인 단계에 의해 결론에 이르도록 도와주는 한 방법이 된다. 사랑은 영혼이 선(善)에 이르려는 욕구이며, 그 대상은 영원한 아름다움이다. 철학자의 길은 최고의 형상, 즉 선의 형상을 통찰함으로써 정점에 이르는 것이다.

6) René Descartes(1596-1650): 프랑스 수학자 · 과학 · 철학자. 스콜라 학파의 아리스토텔레스주의에 처음으로 반대한 사람. 근대 철학의 아버지. 모든 형태의 지식을 방법적으로 의심함. "나는 생각한다. 고로 나는 존재한다"라는 직관이 확실한 지식임을 발견. 사유를 본질로 하는 정신과, 연장(延長)을 본질로 하는 물질을 구분함으로써 이원론적 체계를 펼침. 그의 《방법서설 Discours de la méthode》(1637)은 라틴어로 쓰지 않은 최초의 근대 철학서. 과학적 진리를 찾기 위한 이성의 사용법을 예증하였다.

7) 〈Méditations métaphysiques〉: 데카르트의 논설. 1641년 라틴어로 씌어짐. 소르본에서 데카르트가 원했던 학위로 인정받지 못한 이 저서에서 그는 '정신과 인간 육체의 실질적인 차이'와, 자연의 움직임과 영원한 진리의 창조자인 신의 존재를 증명코자 하였다. 데카르트는 실수에 대한 의지주의적 이론을 구축한다. 그 이론은 우리의 무한한 의지는 우리의 유한한 오성이 명확하게도, 혹은 구별되게도 인식하지 못하는 사유들을 긍정하거나 혹은 부정하는 데에서 나온다는 것이다.

8) Ignatius Theophoros(?-110): 그리스어로 '하느님을 전하는 자'라는 뜻. 시리아 안티오크의 주교 신앙 문제로 사형 선고를 받고 로마로 가던 도중 쓴 7통의 편지로 높이 평가됨. 그의 편지는 거짓 교리들과 거짓 가

르침들에 대한 경고, 성직자들과 주교들에게 모든 신앙 문제에서 겸손한 태도로 평화와 화해를 유지하라는 교훈들로 가득하다.

9) 《*Lettre au marquis de Newcastle*》.

10) Michel Eyquem de Montaigne(1533-1592): 프랑스 작가이자 사상가. 보르도 시장 역임. 1580년 《수상록 *Essais*》을 펴냄(전 3권). 근대적 인간성과 교양을 갖춘 회의주의자로서, 그의 대표작인 《수상록》은 인간에 대한 지식의 보고라 할 만한 것으로, 후대에 파스칼이나 모럴리스트 문학의 선구로서 현대에까지 크게 영향을 미쳤다.

11) Pierre Charron(1541-1603): 프랑스 철학자이자 신학자. 몽테뉴의 친구. 고대 스토아 철학과 몽테뉴의 영향을 받은 모럴리스트. 주저로는 《세 가지 진리》《지혜에 관하여》가 있다.

12) Jean-Jacques Rousseau(1712-1778): 프랑스의 철학자·교육학자·음악가·음악평론가. 낭만주의를 탄생시킴. 디종(Dijon) 아카데미의 현상 논문 《학예론 *Discours sur les sciences et les arts*》(1750)에서 인간은 본래 선하지만 사회와 문명 때문에 타락했다는 사상을 펼침. 두번째 디종 아카데미 논문 《인간 불평등 기원론 *Discours sur l'origine de l'inégalité parmi les hommes*》(1755)에서는 최초의 인간은 건강하고, 행복하며, 자유로웠으나, 인간이 사회를 형성한 때부터 악이 생겨나고, 인위적인 불평등이 커지게 되었다고 주장했다.

13) 《*Du Contrat social ou principes du droit politique*》(1762): 4장으로 이루어진 장 자크 루소의 철학서. "인간은 자유롭게 태어났으나 모든 곳에서 사슬에 매여 있다"라고 주장하고, 인간이 어떻게 자유를 되찾을 수 있는가를 문제로 삼았다.

14) Immanuel Kant(1724-1804): 독일 계몽주의 사상가. 데카르트에서 시작된 합리론과 베이컨에서 시작된 경험론을 종합. 칸트는 《순수이성비판》을 통해, 철학에서 코페르니쿠스적 혁명을 성취하였다고 자랑스럽게 주장하였다. 근대 천문학을 기초한 코페르니쿠스가 겉으로 보기에 별이 움직이는 것처럼 보이는 현상을 사실은 관찰자가 움직인다는 것으로 설명했던 것처럼, 칸트는 마음의 선험적인 원리가 대상에 적용됨을 설명하면서, 마음이 대상에 따르는 것이 아니라 대상이 마음에 따른다는 것을 보여 주었다.

15) 《*Kritik der reinen Vernunft*》(1781): 형이상학에 대한 저술. 칸트 이

전의 형이상학이 잘못된 것임을 보여 주면서 새로운 형이상학의 기초를 닦고자 하였다. 주된 공격 대상은 라이프니츠주의 형이상학. 즉 신, 인간의 자유, 영혼 불멸 등 본성상 경험의 대상이 될 수 없는 것들도 인간 정신이 순수 사유를 통해 참된 인식에 도달할 수 있다고 한 전제를 비판. 인간 정신은 결코 그런 능력을 갖고 있지 않다는 것이 칸트의 주장. 칸트는 이 문제를 "선험적 종합 판단이 어떻게 가능한가?"라는 물음으로 정식화했고, 이 문제를 밝히는 것이 《순수이성비판》의 근본 문제가 된다.

16) David Hume(1711-1776): 영국 철학자·역사가. 철저한 경험론자로, 모든 관념은 직접적인 체험인 인상(印象)으로부터 일어나며, 그로부터 고급 관념 또는 지식도 이루어진다고 하여, 마음도 관념의 묶음에 지나지 않는다고 주장. 역사가로서는 계몽주의 사관의 입장을 취하였다. 인간오성론.

17)《Kritik der Urteilskraft》(1790): 크게 두 가지 문제를 다루었는데, 첫째 미의 문제를 다룸으로써 최초의 체계적인 미학을 제시하고, 둘째 자연에서 목적론의 문제를 심각하게 다루었다.

18)《Grundlegung zur Metaphysik der Sitten》(1785): 덕의 문제를 검토하고, 법과 정치의 기초를 제시했다. 이를 체계적으로 확대하여 1788년 《실천이성비판》을 발간함으로써 진정한 도덕의 체계를 제시하려 하였다.

19) 그리스 신화에 나오는 오이디푸스와 이오카스테의 딸. 소포클레스가 쓴 동명의 비극이 있다. 숙부인 크레온 왕의 명령을 무시하고 오빠인 폴리네이케스의 장례를 비밀리에 치러 줌. 그 이유로 크레온에 의해 생매장당하는 형을 받고, 무덤에서 자살하였다.

20)《Idée d'une histoire universelle, au point de vue cosmopolitique》.

21) Alexis de Toqueville(1805-1859): 프랑스 정치학자·역사가·정치가. 주요 저서로는 《미국의 민주주의》가 있다. 전 4권으로 이루어졌다.

22)《De la démocratie en Amérique》(1835-1840): 19세기초 미국 정치·사회 제도에 대한 예리한 분석서. 방대한 자료의 섭렵, 작가 자신의 관찰, 여러 저명한 미국인들과의 토론을 바탕으로 미국 사회의 본질에 접근하려 하였다. 미국 사회라는 주제 이외에, 사회적 평등이라는 개념이 현대 신화의 전반에 미치는 영향 전체를 완성해 내고자 하였다. 책이 진행되어 갈수록 당시 프랑스의 사례가 점점 더 주된 내용이 되었다. 미국 민주주의의 생명력, 과도한 점, 잠재력 분석.

23) Friedrich Nietzsche(1844-1900): 19세기 독일 철학자. 서구의 전통적인 종교·도덕·철학에 깔린 근본 동기를 밝히고자 하였다. 수많은 신학자·철학자·심리학자·시인·소설가들에게 깊은 영향을 끼쳤다. 그가 말한 "신은 죽었다"는 20세기 유럽 지식인들의 주요 구호. 민주주의, 반유대주의, 힘의 정치에 강력히 반대하였다. 초기 사상은 쇼펜하우어와 바그너의 영향을 받은 낭만주의적 관점이 지배적. 중기 작품에서는 이성·과학·문학 장르의 실험 등을 찬양하였다. 후기 철학에서는 주로 가치의 기원과 기능을 다루었다. 특히 서구의 철학·종교·도덕의 기본적인 문화적 가치들을 금욕주의적 이상의 표현으로 보았다.

24) 《*Also sprach Zarathustra*》(1883-1885): 전 4부. 성서 이야기 형식의 문학적·철학적 대작. 기본 사상은 영원 회귀의 원리. 즉 서로 다른 삶이 무한히 반복되는 것이 아니라 삶의 매순간과 모든 순간이 조금도 바뀌지 않은 채 무한히 되풀이되는 것을 뜻하였다. 이 영원 회귀를 받아들일 수 있는 사람을 초인(超人)으로 보았다.

25) 《*Zur Genealogie der Moral*》(1887).

26) 《*Die Götzen-Dämmerung*》(1888).

27) 라틴어로 사투르누스(Saturnus). 그리스 신화의 크로노스에 해당하는 농경신. 파종과 포도 농사의 신. 낫을 들고 있는 모습으로 묘사된다. 로마 신화에 따르면 사투르누스는 주피터(제우스)에 의해 올림포스에서 쫓겨나 이탈리아로 피난하여 야누스의 가까이에 자리잡는다. 12월말에 사투르누스 제전으로 그를 기린다. 그 기간중에는 주인과 노예가 뒤섞여서 다양한 쾌락을 즐기는데, 프랑스어에서 '사투르누스제(saturnales)'는 방종과 무질서, 방탕, 야단법석을 의미하기도 한다.

28) Germaine de Staël(1766-1817): 프랑스계 스위스의 여류 작가. 정치 선전과 사교계의 좌담가. 낭만파의 선구자. 남편과 사별 후 자유사상가로서 혁명과 나폴레옹 1세를 찬양했으나, 후에 그의 과격한 전제에 반항하여 추방됨. 스위스, 독일, 이탈리아로 망명했다.

29) 《*De l'Allemagne*》(1810): 독일의 풍습과 문학·예술·철학·윤리·종교를 다룬 연구서. 동시대인들에게 독일의 질풍노도 운동(Sturm und Drang, 1770-80)을 널리 알렸다. 그러나 독일 낭만주의가 갖고 있는 격렬한 민족주의적 측면은 무시하였다. 나폴레옹은 이 책을 반프랑스적인 저서로 생각하고, 1810년에 발행된 프랑스어판 1만 부를 모조리 압수하

여 폐기 처분하였다. 1813년 영국에서 재출판된다.

30) Théophile Gautier(1811-1872): 프랑스 시인·소설가·비평가. 처음에는 화가의 꿈을 키웠으나, 위고(Hugo)의 영향을 받아 낭만파 운동에 앞장섰다. 프랑스 문학의 감수성이 초기낭만주의 시대에서 19세기말 탐미주의와 자연주의로 바뀌던 시절에 강력한 영향력을 발휘하였다. 《모팽양》에서 전통 윤리를 무시하고 아름다운 것만이 최고라고 주장하여 문단에 상당한 물의를 일으키기도 함. '예술을 위한 예술' 운동에 앞장섰다.

31) Sigmund Freud(1856-1939): 오스트리아의 신경학자. 정신분석의 창시자. 정신분석학은 인간의 정신 및 정신병 치료에 관한 이론인 동시에 문화와 사회를 해석하는 시각을 제공하는 이론이기도 하다.

32) Metapsychology.

33) Philippe Pinel(1745-1826): 프랑스 의사. 파리 근교의 유명한 정신병원인 비세트르 병원의 의사. 후에 파리의 살페트리에르 병원에서 정신병을 전문으로 연구했다.

34) René-Théophile-Hyacinthe Laënnec(1781-1826): 프랑스 의사. 흉부질환을 위한 청진기를 발명하여 내과학에 큰 발전을 이루었다. 해부임상의학의 기초자이자, 브루세(Broussais) 이론의 반대자로서, 간경변을 발견, 특히 알코올에 의한 위축성 간경화에 대한 연구를 하였다. 폐결핵, 늑막염, 폐렴 등에 대한 많은 저술을 남겼다.

35) Jean-Martin Charcot(1825-1893): 살페트리에르 병원의 교수. 프로이트의 스승. 신경병학의 발전에 기여하였다. 특히 히스테리의 치료와 최면 요법에 정통했다.

36) Josef Breuer: 오스트리아의 생리학자·정신의학자. 한 젊은 히스테리 환자를 치료하면서, 그녀의 증상들이 몇몇 기억들의 억압으로부터 온 것임을 알아내었다. 최면을 이용하는 그의 정화법은 그녀의 무의식적인 기억들을 의식으로 끌어내어 증상을 사라지게 만들었다. 이 방법은 후에 프로이트의 정신분석의 기초가 되었다.

37) 정신분석학에서 의식과 무의식은 일반적인 '지각'의 의미일 때의 의식(consciousness(영)·bewusstsein(독)·conscience(프))과는 달리 형용사 형태를 사용한다. 즉 무의식은 'unconscious·unbewusst·inconscient,' 의식은 'conscious·bewusst·conscient'로 표기한다. 이것은 프로이트가 인간 정신을 '의식·전의식·무의식'이라는 세 가지 층위로 나눌 때, 일

반심리학과의 구별을 위해 채택한 용어이다. 따라서 그 형태는 형용사나 '의식'·'무의식'과 같이 명사로 번역함이 자연스럽다

38) Henri Bergson(1859-1941): 프랑스 철학자. 박사학위 논문인 《시간과 자유 의지: 의식의 직접 자료에 대한 소론 *Essai sur les données immdiates de la conscience*》(1889)에서 그는 지속 또는 실제 시간 개념을 확립함으로써 과학이 사용해 온 시간 개념, 곧 시계로 측정할 수 있는 공간화한 시간 개념을 거부하려 하였다. 정지보다는 운동·변화·진화의 가치를 더 높게 평가하였다. 《창조적 진화 *L'Évolution créatrice*》(1907)에서는 생물학이 그의 사상에 끼친 영향을 보여 줌과 동시에 과정철학자로서의 면모를 명확하게 보여 주었다. 진화에 대한 이전의 철학적 해석들이 지속의 개념을 중요하게 보지 못함으로써 생명의 독특성을 무시했다고 비판하였다. 즉 진화란 기계적인 것이 아니라, 지속적으로 발전하면서 새로운 것을 발생시키는 '생명의 약동(élan vita)'이 지속되는 창조적인 것임을 주장. 그는 앎에는 근본적으로 두 가지 방법이 있다고 주장. 하나는 과학에서 가장 널리 발전한 것으로, 분석화·공간화·개념화하여 사물을 고정적·불연속적인 것으로 보는 방법이고, 또 다른 하나는 공감(sympathy)을 통해서 사물의 중심부까지 이르는 총체적·직접적인 직관. 첫번째 방법은 목적을 성취하고, 세계에 영향을 미치는 데 유용하나, 사물의 본질적 실재에는 도달할 수 없다. 왜냐하면 이 방법으로는 직관에 의해서만 파악할 수 있는 지속과 끊임없는 흐름을 알 수 없기 때문. 베르그송의 저작 전체는 지속이 사물의 가장 내재적인 실재를 이루고 있다는 그의 직관이 중심이 되었다.

39) 《*La cocscience et la vie*》.

II. 주제

1) Jean-Baptiste-Siméon Chardin(1699-1779): 프랑스 화가. 정물화와 실내 풍경화, 풍속화를 주로 그림. 말년의 파스텔화가 유명. 1728년 아카데미 프랑세즈 회원으로 선정되었다. 오늘날 18세기의 가장 뛰어난 정물화가로 평가받고 있다.

2) Praxitelês(그리스어): 아테네 조각가. 4세기까지 가장 유명한 조각

가. B.C. 370-330에 활약. 조각가 대(大)케피소도토스의 아들. 그의 아들 소(小)케피소도토스와 티마르코스도 조각가로 활약. 현존하는 유일한 작품은 대리석상 〈어린 디오니소스를 안은 헤르메스〉가 있다.

3) Fra Angelico(1400-1455): 이탈리아의 화가. 초기 르네상스의 피렌체 양식에 따라 평온한 종교적 자세를 구체화하고, 고전 영향의 작품을 남겼다.

4) Gustave Courbet(1819-1877): 프랑스 화가. 사실주의 운동의 선도자. 당대 낭만주의 회화에 반발하여 일상적인 사건들을 그림의 주제로 택하였다. 그에 의하면 그림의 목적은 현실을 아름답게 꾸미거나 이상화하는 것이 아니라, 현실을 정확하게 모사하는 것이다. 쿠르베는 회화에서 상투적인 수법과 인위적인 이상주의, 낡은 양식들을 없애 버렸다.

5) Francisco (José) de Goya(1746-1828): 스페인의 화가. 그의 다양한 유화 · 소묘 · 판화는 당대의 격변하는 역사를 반영하고 있으며, 19세기와 20세기 화가들에게 큰 영향을 주었다. 대표작으로는 〈옷을 벗은 마하 Maja desnuda〉와 〈옷을 입은 마하 Maja vestida〉(1800-1805)가 있다. 19세기 후기 낭만주의에서 사실주의, 인상주의에 이르는 유럽의 새로운 미술 사조를 이끈 프랑스 화가들에게 큰 영향을 주었다.

6) Auguste Comte(1798-1857): 프랑스 철학자. 사회학 · 실증주의의 창시자로 유명. 콩트의 《실증철학강의 Cours de philosophie positive》는 현대 산업 사회에 알맞은 정치 조직의 기초를 형성하는 완벽한 철학 체계. 콩트는 모든 실증적 지식을 '과학의 위계질서' 속에서 분류하여 각 과학의 방법을 분명히 밝혔고, 특히 새로운 통합과학인 사회학을 강조하였다.

7) Hippolyte Taine(1828-1893): 프랑스 사상가 · 비평가 · 역사가. 19세기 프랑스 실증주의 사상가 중 한 명. 인간성 연구에 과학적 방법을 적용하려고 시도하였다.《현대 프랑스의 기원 Les Origines de la France contemporaine》(1876-1893)은 과학적 객관주의에 근거한 기념비적 역사 분석서. 그의《영국 문학사 Histoire de la littérature anglaise》(1863-1864)도 유명하다.

8) Ernest Renan(1823-1892): 프랑스 철학자 · 역사가 · 종교학자. 프랑스 비판철학파의 대표적 인물. 르낭은 정치적으로는 자유주의와 권위주의에 기대고, 종교적으로는 굳은 신앙과 회의주의에 기댐으로써 당시 중

간 계층의 모순을 구체적으로 보여 주었다. 그가 죽은 뒤 그의 정치적 영향력은 모리스 바레스·샤를 모라스와 같은 민족주의자들로부터 아나톨 프랑스·조르주 클레망소 같은 공화주의자들에 이르기까지 폭넓었다.

9) Henri Irne Marrou, 《*De la connaissance historique*》, Ed. Seuil, coll. Points Histoire, 1975.

10) 이 장에서 저자는 l'inconscient와 l'inconscience, 즉 형용사형과 명사형을 구분하여 설명하고 있으므로 전자는 '무의식적인 것'으로, 후자는 '무의식'으로 번역한다.

11) 《*Othello*》: 셰익스피어의 4대 비극(《햄릿》,《리어 왕》,《맥베스》) 중 하나. 용병대장인 무어인(북아프리카 흑인) 장군. 오셀로는 부하인 이아고의 간계에 넘어가 자기를 진심으로 사랑한 베니스 귀족 출신의 아내 데스데모나를 살해한다. 아내가 부하 캐시오와 정을 통했다고 믿은 데서 나온 질투의 감정 때문. 인간적·도덕적 가치(사랑·신의·순결)를 강조한 낭만적 정서를 지닌 작품이다.

12) 《*Bouvard et Pécuchet*》(1880): 플로베르의 후기 작품으로, 미완으로 남았다. 그는 이 작품에서 인간 지식에 대한 의구심을 보여 주려 하였다. 플로베르 말년의 페시미즘적 성향을 반영한 작품이기도 하다. 부바르와 페퀴셰는 은퇴할 나이가 된 두 사람의 필사자들로서, 노르망디의 한 농가에서 여생을 인간 지식에 대한 연구와 수집을 위해 보내기로 결심한다. 그들은 과학·도덕·종교·철학·교육 등에 관해 백과사전적인 조사를 계속하는데, 하지만 그것은 그들을 지치게 하고, 인간 지식의 복잡성과 모순성만을 깨닫게 할 뿐이다. 결국 그들은 다시 베끼고 요약하는 필사자의 일로 돌아가기로 한다. 이 작품은 소설이기보다는 철학 이야기에 가까운데, 플로베르는 여기에서 당시에 절정을 이루었던 과학주의와 백과사전적 지식에 대한 회의와 함께, 작가의 글쓰기가 지나치게 충만한 현실을 단순히 베끼는 것에 그치는 것에 대한 염려를 반영하고 있다.

13) Claude Lévi-Strauss(1908-1991): 프랑스 사회인류학자. 구조주의 선구자. 문화 체계를 이루는 요소들의 구조적 관계를 기초로 하여 친족 및 신화 체계를 분석. 이러한 구조주의는 20세기 사회과학·철학·비교종교학·문학·영화 등 여러 분야에 영향을 끼쳤다. 주요 저서로는 《슬픈 열대 *Tristes tropiques*》(1955),《구조인류학 *Anthropologie structurale*》(1961),《야만적 사고 *La Pensée Sauvage*》(1962)가 있다.

14) **Néron**: 장 라신(Jean Racine)의 정치 비극《브리타니퀴스 *Britannicus*》(1669)에 나오는 폭군왕. 주요 출전은 타키투스의《연대기(年代記)》에 따른다. 권력과 사랑의 쟁취를 위해 이복형제인 브리타니퀴스를 독살한다.

15)《*Phèdre*》(1677): 프랑스 고전주의 극작가 장 라신의 비극. 고대 그리스 비극 작가 에우리피데스와 세네카의《히폴리토스》에서 소재를 따왔다. 아테네의 왕 테제(테세우스)의 젊은 왕비인 페드르(파이드라)가 전실 자식인 이폴리트(히폴리토스)에게 이룰 수 없는 연정을 품게 되면서 벌어지는 이야기. 신으로부터 부여받은 운명에 대해 자신의 의지로 항거하는 페드르가 스스로 목숨을 끊음으로써 구원의 은총을 받았는지에 대한 논란이 일었다. 숙명에 대한 저항이라는 점에서 17세기 라신의 근대성이 높이 평가된다.

16) **Harpagon**: 몰리에르(Molière)의 희곡《수전노 *L'Avare*》(1668)에 나오는 주인공. 타고난 구두쇠 근성에 관한 이야기이다.

17)《*Andromaque*》(1667): 주요 출전은 베르길리우스의《아이네이스》와 호메로스의《일리아드》와 에우리피데스의《앙드로마크》. 에피르국의 왕 피뤼스는 트로이가 함락되자 전리품으로 엑토르의 과부 앙드로마크와 그의 아들 아스티아낙스를 얻는다. 그는 앙드로마크의 미모에 반하여 약혼녀 에르미온과의 결혼을 끊임없이 미룬다. 이에 분노한 에르미온은 사자(使者)인 오레스트를 시켜 피뤼스를 죽인다.

18)《*Polyeucte*》(1643): 코르네유의 비극. 주요 출전은 16세기 독일 역사가인 수리우스(Surius)의 역사서 중 한 부분. 아르메니아의 영주 폴리외크트는 로마 원로이자 지방 장관인 펠릭스의 딸 폴린과 결혼. 폴리외크트는 기독교도로서 순교하게 된다.

19) **Delphoe**(Delphi; 영어): 고대 그리스의 아폴론 신전과 신탁소가 있던 곳. 그리스 중부 포키스 지방. 파르나소스 산의 중턱에 위치. 고대 그리스인들은 델포이가 세계의 중심이라고 생각함. 중심 지점은 돌멩이로 표시되어 있고, 그 돌을 옴팔로스라 부르고, 그 주위에 신전을 지었다.

20) **Apollon**(Apollo; 영어): 별칭은 포이보스(Poibos)(Phoebus;영어). 그리스의 모든 신들 중 가장 널리 숭상되고 영향력을 지닌 신. 예언과 신탁을 통해 인간에게 미래의 일과, 그의 아버지 제우스의 뜻을 전달해 줌. 무예·의학·시·음악의 신. 리라를 들고 다니기도 함. 아르테미스가 아폴론의 쌍둥이 누이. 초기 그리스 시대(기원전 8-6세기) 델포이 신탁의 명

성은 그리스 전역에서 확고한 지위를 차지했다.

21) Jean de La Fontaine(1621-1695): 프랑스 시인. 그의 《우화 *Fables*》는 프랑스 문학의 위대한 걸작 중 하나. 그는 우화의 소재를 주로 이솝의 전설에서 취재하였고, 순수 창작은 아니었다. 당시의 정치적 문제와 편견을 반영하고, 동물 주인공들은 인간 유형의 표상으로서, 인간의 본성과 동물의 본성이 공통점을 갖고 있음을 암시적으로 나타냈다.

22) 《*Les membres et l'estomac*》(Fables, Livre III, 2): 라 퐁텐은 이 우화에서 다스리는 자와 지배받는 자 사이의 복잡한 관계를 위장과 사지를 비유하여 보여 준다. 위장을 '가스테르 각하'(gaster; 라틴어: 복부의 뜻)로 부르면서, 모든 사지와 신체 기관들이 위장의 필요와 욕구를 위해 종사한다. 어느 날 위장을 제외한 모든 다른 신체 기관들이 이러한 복종에 반항하여 일하기를 멈춘다. 먹지도, 움직이지도 않는다. 그러자 인간은 곧 무기력해지고, 위장뿐 아니라 전신이 힘을 잃는다. 이에 사지는 깨닫게 된다. 가장 게으르고 음식을 받아먹기만 한다고 생각했던 위장이 실은 육체에 활동할 수 있는 에너지를 만들어 주는 중요한 역할을 맡고 있었음을 말이다. 여기에서 위장은 지배하는 자 왕을, 사지는 지배받는 자 백성들을 비유한 것이다.

23) Prometheus: 그리스 종교의 티탄족 출신의 최고 책략가이며 시인. 불의 신. '미리 생각하는 사람'의 뜻. 인간의 불과 문명을 보호하는 존재로 표현된다. 시인 헤시오도스의 두 가지 전설에 의하면, 프로메테우스는 제우스에게서 불을 훔쳐 인간에게 주었다. 그 벌로 제우스는 판도라라는 여자를 만들어 프로메테우스의 동생 에피메테우스에게 내려보낸다. 두번째 전설에서는 제우스가 인간에게 불을 전한 죄로 프로메테우스를 코카서스의 바위에 사슬로 묶고 독수리를 보내 간을 쪼아먹게 만들었다. 그 간은 끊임없이 다시 생겨나 프로메테우스를 영원한 고통으로 빠뜨린다.

24) Epimetheus: 아틀라스와 프로메테우스의 형제. '때늦은 지혜'라는 뜻. 프로메테우스의 만류에도 불구하고, 제우스가 내려보낸 판도라라는 최초의 여자와 결혼한다. 판도라는 지상에 모든 악덕을 퍼뜨리는 장본인이다.

25) 발자크(Honoré de Balzac)의 소설집 《인간희극 *La Comédie humaine*》(1842-1847)에 실린 주요 작품 중 하나인 《외제니 그랑데》에 나오는 여

주인공 외제니의 아버지 그랑데 영감. 인색함과 고리대금으로 막대한 재산을 모은 그랑데 영감은, 사촌오빠인 가난한 샤를에게 반한 딸 외제니를 몹시 못마땅하게 여긴다. 샤를을 억지로 인도에 보내 버리고, 외제니와 샤를의 사랑은 이루어지지 않는다.

26) "여호와 하나님이 그 사람을 이끌어 에덴 동산에 두사 그것을 다스리며 지키게 하시고."

참고 문헌

MAJOR BAC

Première Bac

AMMIRATI Charles — Le drame romantique, *thèmes et sujets*(Premières ES, L, S).

AMMIRATI Charles — Le roman d'apprentissage, *thèmes et sujets* (Premières ES, L, S).

BRISAC Anne-Laure — La tragédie racinienne, *textes commentés* (Premières L).

BRISAC Anne-Laure — Fables de La Fontaine, *textes commentés* (Premières L).

COBAST Éric — Premières lecons sur *Candide*, un conte voltairien (Premières toutes sections).

COBAST Éric — Mémento de français du bachelier(Premières toutes sections).

COULEAU Christelle — Premières leçons sur *Illusions perdues*, un roman d'apprentissage(Premières ES, L, S).

DEMORAND Nicolas — Premières leçons sur *Ruy Blas* de Victor Hugo (Premières ES, L, S).

GENGEMBRE Gérard — Premières leçons sur le drame romantique(Premières toutes sections).

LE GALL Danielle — Le roman d'apprentissage, *textes commentés*(Premières ES, L, S).

LE GALL Danielle — Les romans d'André Malraux, *textes commentés* (Premières ES, L, S).

MARCANDIER-COLARD Christine — Premières leçons sur le conte voltairien(Premières toutes sections).

MARCANDIER–COLARD Christine — Premières leçons sur Le *Père Goriot*, un roman d'apprentissage(Premières ES, L, S).

MAECSNDIER–COLARD Christine — Premières leçons sur *Lorenzaccio* d' Alfred de Musset(Premières toutes sections).

MERCOYRAL Yannick, ROBERT Richard — Premières leçons sur *La Condition humaine* d'André Malraux(Premières ES, L, S).

MEYNIEL Nathalie — Le conte voltairien, textes commentés(Premières toutes sections).

QUESNEL Alain — La préface de *Cromwell* par Victor Hugo(Premières toutes sections).

QUESNEL Alain — Premières leçons sur la *Le Rouge et le Noir*, un roman d'apprentissage(Premières ES, L).

REFFAIT Christophe — Fables de La Fontaine(livres VII à XII), *thèmes et sujets*(Premières toutes sections).

ROUMÉGAS Jean–Paule — Le conte voltairien, *thèmes et sujets*(Premières toutes sections).

TEULON Frédéric — L'oral de français au baccalauréat, *textes commentés*(Premières toutes sections).

VALTAT Jean–Christophe — Premières leçons sur *L'Éducation sentimentale*, un roman d'apprentissage(Premières ES, L, S).

Terminales Bac

ASSAYAG Jacky — Analyse, des exercices aux problèmes(Terminale S).

ASSAYAG Jacky — Probabilités et nombres complexes, des exercices aux problèmes(Terminales S).

BACHOFEN Blaise — Premières leçons sur le *Discours sur l'origines et les fondements de l'inégalité parmi les hommes* de Jean–Jacques Rousseau(Terminales toutes sections).

BOY Jean–Paul — Mémento de physique(Terminale S).

COLARD Jean–Max — Premières leçons sur *La vie est un songe* de Caldéron(Terminale S).

DERON Daphné — Premières leçons sur *Lancelot ou Le Chevalier de la Charrette* de Chrétiens de Troyes(Terminale L).

DROUIN Jean-Claude — Les grands auteurs en sciences économiques et sociales(Terminale ES).

GARRIGUES Frédéric — Principes et méthodes de la dissertation d'histoire (Terminale toutes sections).

GUIGUE Arnaud — Droit, justice, État, *thèmes et sujets*(Terminales toutes sections).

LAUPIES Frédéric — Premières leçons de philosophie(Terminales toutes sections).

MARTIN Gilles, VALLÉE Frédérique, WAQUET Isabelle — Annales corrigées de sociologie(Terminale ES).

MERCOYROL Yannick — Premières leçons sur *Les Yeux d'Elsa* d'Aragon (Terminale L).

MOURRAL Isabelle — Premières leçons sur *La conscience et la vie* de Bergson(Terminale toutes sections).

MOURRAL Isabelle — Nature-Culture, *thèmes et sujets*(Terminale toutes sections).

POUSSARD Alain — Premières leçons sur *Méditations métaphysiques* de Descartes(Terminale toutes sections).

PRIGENT Michel A./ NAIGEON Marc — Manuel de poche. Histoire. La France depuis 1945(Terminale toutes sections).

PRIGENT Michel A./ NAIGEON Marc — Manuel de poche. Histoire. Les relations internationales depuis 1945(Terminale toutes sections).

ROYER Pierre — Principes et méthodes du commentaire de document historique(Terminale toutes sections).

SOLÈRE Brigitte — Manuel de poche, génétique(Terminale S).

SZWEBEL Georges — Mémento de mathématiques(Terminale ES, L).

SZWEBEL Georges — Pratiques des mathématiques. Problèmes, méthodes et corrigés(Terminale ES, L).

TOUCHARD Patrice — Géographie. Économie: les chiffres du Bac (Terminale toutes sections).

V<small>IDALIN</small> Antoine — Mémento de mathématiques(Terminale S).

V<small>ILLANI</small> Jacqueline — Premières leçons sur *Une partie de campagne* de Maupassant(Terminale L).

역자 후기

이 책은 프랑스의 대학입학자격시험인 바칼로레아를 준비하는 학생들을 위해 씌어진 일종의 철학 과목 참고서이다. 고등학생을 위한 철학서인 데 비해, 내용을 차분히 읽어보자면 우리 나라의 대학생들이 대학 강의실에서, 그것도 특별히 철학에 관심이 있는 학생들만이 자발적으로 선택하여 듣는 철학 강의의 수준과도 맞먹는다고 할 수 있을 것이다. 하지만 이 책의 표지에는 분명, '고3 수험생'을 위한, 그것도 문과와 이과·예능과를 통틀어 '전 영역'의 학생들을 위한 책이라고 표시되어 있다.

역자가 잠깐 동안이나마 프랑스에서 수학하던 시절, 가장 어려움을 겪었던 수업 시간 중 하나가 바로 '요약하기'와 '논술하기' 시간이었다. 요즘 고등학생들은 그나마 대입 논술고사에 대비하여 자신의 생각을 논리 정연하게 펴나가는 연습을 많이 하고 있는 것으로 안다. 하지만 그런 세대도 아니었던 나는, 어떤 텍스트를 읽고 일정한 시간 안에 자신이 이해한 바를 자신의 언어로 재구성하여 요약문을 완성하여야 하는 레주메(요약하기)와 그 텍스트에 대한 자신의 생각을 다양한 철학적인 예시와 사유를 동원하여 기승전결을 갖추어 써야 하는 디세르타시옹(논술하기)을 정말로 힘겨워했던 기억이 난다. 이것은 아무리 프랑스어를 잘 말하고 쓸 수 있다고 하더라도 '혼자 힘으로 생각하기'를 할 줄 모른다면 절대 좋은 점수를 받을 수 없는 과제이기 때문이다. 주입식으로 지식만 늘여 가기에 급급한 교육을 받은 자들 중 한 사람으로서, 그러한 과제가 생소하고 어려웠던 것은 당연한 결과였을 것이다. 이후로 스스로 사고하기를 가르치지 않는 우리 나라 교육의 헛점에 대해 늘 불만이었고, 철학적인 기본 지식에 있어서도 프랑스의 젊은이들에 비해 너무나 뒤떨어져 있는 우리의 현실이 안타까웠다.

소크라테스에서 플라톤 · 데카르트 · 루소 · 칸트 · 토크빌 · 니체 · 프로이트 · 베르그송에 이르기까지 고등학교 윤리 시간에 겨우 한 단원 정도로 간략하게 배우고 넘어갔던 서양철학사의 주요 인물들의 가장 핵심적인 저서들만 뽑아서 정리한 이 책은, 지금까지의 우리의 목마름을 얼마간 해소해 줄 수 있으리라 생각된다. 또한 제2부는 앞서 소개한 문헌들에서 다루었던 주제들을 다시 한 번 생각해 보는 부분으로, 주제별로 연관된 문헌들을 일일이 표기해 줌으로써 더한층 효율적인 학습을 돕고 있다.

철학이라 하면 괜스레 어려운 학문일 거라는 선입견으로 지금까지 '철학'이 들어가는 책이라면 죄다 손에 쥐기를 꺼려했던 사람이라면 누구나 한번쯤 마음을 다잡고 읽어볼 만한 책이라 소개하고 싶다. 다만 번역상의 서툶으로 인해 읽는 이들이 겪을지도 모르는 모든 고통은 전적으로 역자의 책임이므로 많은 질타와 가르침 있기를 바란다. 최대한 원문에 충실하여 우리말로 옮기려 한 결과 다소 어색한 표현들도 있음이 분명하다. 이러한 점들은 앞으로의 수련과 노력으로 보충해 나갈 것임을 약속드린다.

원 저자는 한두 가지 간단한 메모를 제외하고는 주석을 달고 있지 않다. 그 이유는 본문에 등장하는 많은 인물들과 이야기 속 주인공들의 이름은 프랑스에서 학교를 다닌 학생이라면 누구나 굳이 설명하지 않아도 알 만한 것들이 대부분이기 때문이다. 하지만 우리의 현실은 그렇지 못하므로, 독자들의 이해에 조금이나마 도움을 주기 위해 책 뒤쪽에 역주를 첨부하였다. 역주의 많은 부분은 《브리태니커 백과사전》과 《프티 로베르 2》(프랑스어 문화사전)를 참조하였음을 밝힌다.

2003년 9월 공나리

공나리
한국외국어대학교 불어교육과 졸업
한국외국어대학교 대학원 불어과 졸업
동대학원 박사과정 수료
대전대학교 · 중부대학교 출강
역서:《호모사피엔스에서 인터랙티브 인간으로》

현대신서
148

철학 기초 강의

초판발행 : 2003년 9월 20일

지은이 : 프레데릭 로피
옮긴이 : 공나리
총편집 : 韓仁淑
펴낸곳 : 東文選
제10-64호, 78. 12. 16 등록
110-300 서울 종로구 관훈동 74
전화 : 737-2795

편집설계 : 朴 月 · 李惠允

ISBN 89-8038-438-6 94100
ISBN 89-8038-050-X (현대신서)

【기 타】

사유의 패배

알랭 핑켈크로트
주태환 옮김

문화 속에서 우리는 거북스러움을 느낀다. 왜냐하면 문화란, 사유(思惟)하면서 살아가는 일이기 때문이다. 그리고 오늘날 사유가 아무런 역할도 하지 못하는 제반행위를 흔히 문화적인 것으로 규정해 버리는 조류가 확인되고 있다. 정신의 위대한 창조에 필수적인 동작들, 이 모두가 이렇게 문화적인 것으로 잘못 여겨지고 있다. 무슨 이유로 소비와 광고, 혹은 역사 속에 뿌리박은 모든 자동성이 가져다 주는 달콤함을 탐닉하기보다는 참된 문화를 선택해야 하는 것일까?

87,88년 프랑스 최고의 베스트셀러로서 프랑스 지성계에 커다란 파문을 일으킨 본서는, 오늘날 프랑스 대중들에게 가장 영향력 있는 철학자 중의 한 사람인 핑켈크로트의 대표작이다. 그는 현재 많은 저작과 방송매체를 통해 사회문제에 관해 적극적인 발언을 펼치고 있다.

그는 오늘날의 거대한 야망이 문화를 손아귀에 움켜쥐고 있다고 결론짓고, 문화라는 거창한 이름 아래 소아병적 증상과 더불어 비관용적 분위기가 확대되어 왔으며, 이제는 기술시대가 낳은 레저산업이 인간 정신이 이루어 놓은 문화적 유산을 싸구려 유희거리로 전락시키고 있으며, 그리하여 정신이 주도하던 인간 삶은 마침내 집단의 배타적 가치에 광분하는 인간과 흐느적거리는 무골인간, 이둘 사이의 무시무시하고도 우스꽝스런 만남에 자기 자리를 내주고 있다고 통박하고 있다.

그는 본서를 통해 정신적 의미가 구체적 역사 속에서 부상하고 함몰하는 과정을 그려내면서, 우리가 어떻게 해서 여기에까지 도달하게 되었는지를 일관된 논리로 비판하고 있다.

텔레비전에 대하여

피에르 부르디외

현택수 옮김

　텔레비전으로 방송된 이 두 개의 콜레주 드 프랑스에서의 강의는 명쾌하고 종합적인 형태로 텔레비전 분석을 소개하고 있다. 첫번째 강의는 텔레비전이라는 작은 화면에 가해지는 보이지 않는 검열의 메커니즘을 보여 주고, 텔레비전의 영상과 담론의 인위적 구조를 만드는 비밀들을 보여 주고 있다. 두번째 강의는 저널리즘계의 영상과 담론을 지배하고 있는 텔레비전이 어떻게 서로 다른 영역인 예술·문학·철학·정치·과학의 기능을 깊게 변화시키는지를 설명하고 있다. 이러한 현상은 시청률의 논리를 도입하여 상업성과 대중 선동적 여론의 요구에 복종한 결과이다.

　이 책은 프랑스에서 출판되자마자 논쟁거리가 되면서, 1년도 채 안 되어 10만 부 이상 팔려 나가 베스트셀러 리스트에 오르고, 세계 각국에서 번역되어 읽혀지고 있는 피에르 부르디외의 최근 대표작 중 하나이다. 인문사회과학 서적으로서 보기 드문 이같은 성공은, 프랑스 및 세계 주요국의 지적 풍토를 말해 주고 있다. 이처럼 이 책이 독자 대중의 폭발적인 반응과 기자 및 지식인들의 지속적인 반향을 불러일으키는 이유는, 세계적으로 잘 알려진 그의 학자적·사회적 명성 때문이기도 하지만 무엇보다도 언론계 기자·지식인·교양 대중들 모두가 관심을 가질 만한 논쟁적인 내용을 담고 있기 때문이다.

東文選 現代新書 14

사랑의 지혜

알랭 핑켈크로트
권유현 옮김

수많은 말들 중에서 주는 행위와 받는 행위, 자비와 탐욕, 자선과 소유욕을 동시에 의미하는 낱말이 하나 있다. 사랑이라는 말이다. 그러나 누가 아직도 무사무욕을 믿고 있는가? 누가 무상의 행위를 진짜로 존재한다고 생각하는가? '근대'의 동이 터오면서부터 도덕을 논하는 모든 계파들은 어느것을 막론하고 무상은 탐욕에서, 또 숭고한 행위는 획득하고 싶은 욕망에서 유래한다는 설명을 하고 있다.

이 책에서 묘사하는 사랑의 이야기는 타자와 나 사이의 불공평에서 출발한다. 즉 사랑이란 타자가 언제나 나보다 우위에 놓이는 것이며, 끊임없이 나에게서 도망가는 타자로부터 나는 도망가지 못하는 것이다. 그리고 사랑의 지혜란 이 알 수 없고 환원되지 않는 타자의 얼굴에 다가가기 위해 애쓰는 것이다. 저자는 이 책에서 남녀간의 사랑의 감정에서 출발하여 타자의 존재론적인 문제로, 이어서 근대사의 비극으로 그의 철학적 성찰을 이끌어 가기 때문이다. 그러나 우리가 이웃에 대한 사랑을 이상적인 영역으로 내쫓는다고 해서, 현실을 더 잘 생각한다는 법은 없다. 오히려 우리는 타인과의 원초적 관계를 이해하기 위해서, 또 그것에서 출발하여 사랑의 감정뿐 아니라 다른 사람에 대한 미움의 감정까지도 이해하기 위해서, 유행에 뒤진 이 개념, 소유의 이야기와는 또 다른 이야기를 필요로 할 수 있다.

알랭 핑켈크로트는 엠마뉴엘 레비나스의 작품에 영향을 받아서 근대가 겪은 엄청난 집단 체험과 각 개인이 살아가면서 맺는 '타자'와의 관계에 대해서 계속해서 질문을 던진다. 이것은 철학임에 틀림없다. 그렇기는 하지만 구체적인 인물에 의해 이야기로 꾸민 철학이다. 이 책은 인간에 대한 인식의 수단으로 플로베르・제임스, 특히 프루스트를 다루며, 이들의 현존하는 문학작품에 의해 철학을 이야기로 꾸며 나간다.

東文選 現代新書 40

윤리학

알랭 바디우

이종영 옮김

이 세계가 나에게 부과하는, 그리고 준수할 것을 요구하는 그러한 윤리가 아니라, 내가 이 세계에 맞서 싸우고자 할 때 지녀야 할 '나 자신의' 윤리란 어떠한 것일까? 그러나 이 세계가 나에게 부과하는 '윤리'가 과연 엄격한 의미에서의 윤리일 수 있을까?

이데올로기로서의 윤리에 대한 부정만으로는 충분치 않다. 이데올로기로서의 윤리에 맞서 싸우는 해방적 실천, 그 자체가 새로운 윤리학에 의해 지탱되어야만 하는 것이다. 여기서 새롭게 제시하고 있는 윤리는, 해방적 정치·학문·예술·애정에 있어서의 혁명적 투사들을 위한 윤리이다. '인권의 윤리'와 '차이의 윤리'를 비판하고 있는 이 책의 1장과 2장은 프랑스적 맥락에 위치하고 있다. 바디우는 이른바 '인권의 윤리'와 '차이의 윤리'를 제국주의 국가로서 프랑스의 위선과 결부짓고 있는 것이다.

존중받아야 하는 것은 각자의 개별성이지 문화적 또는 사회적 차이가 아니다. 그리고 각자의 개별성은 오로지 인간적 동일성이라는 보편성에 토대해서만 존중받을 수 있는 것이다. 보편성에 토대한 개별성에 대한 존중은 사회적·문화적으로 매개된 특수성과는 결단코 대립되는 것이다. 특수성은 항상 배제와 차별을 내포하고 있다. 그리고 프랑스에서의 '차이의 윤리'는 그러한 특수성에 일정하게 입각하고 있는 것이다.

東文選 現代新書 42

진보의 미래

도미니크 르쿠르

김영선 옮김

과거를 조명하지 않고는 진보 사상에 대한 미래를 예견할 수 없다. 진보라는 단어의 현대적 의미가 만들어진 것은 17세기 베이컨과 더불어였다. 이 진보주의 학설은 당시 움직이는 신화가 되었으며, 공산주의자들이 그것을 계승한 20세기까지 그러하였다. 저자는 진보주의 학설이 발생시킨 '정치적' 표류만큼이나 '과학적' 표류를 징계하며, 미래의 윤리학으로 이해된 진보에 대한 요구에 새로운 정의를 주장한다.

발달과 성장이라는 것은 복지와 사회적 화합에서 비롯된 두 가지 양식인가? 단연코 그렇지 않다. 작가는 비관주의에 빠지지 않으면서도 다소 어두운 시대적 도표를 작성한다. 생활윤리학·농업·환경론 및 새로운 통신 기술이 여기서는 비판적이면서도 개방적인 관점에서 언급된다.

과학과 기술을 혼동함에 따라 사람들은 무엇에 대해 말하고 있는지 더 이상 알지 못한다. 정치 분야와 도덕의 영역을 혼동함에 따라 무엇을 생각해야 할지 또한 더 이상 알지 못한다. 작가는 철학의 새로운 평가에 대해 옹호하고, 그래서 그는 미덕의 가장 근본인 용기를 주장한다. 그가 이 책에서 증명하기를 바라는 것은 두려움의 윤리에 대항하며, 방법을 아는 조건하에서는 모든 사람이 철학을 할 수 있다는 점인 것이다.

東文選 現代新書 81

영원한 황홀

파스칼 브뤼크네르

김웅권 옮김

"당신은 행복해지기 위해 사는가?"

당신은 왜 사는가? 전통적으로 많이 들어온 유명한 답변 중 하나는 "행복해지기 위해서 산다"이다. 이때 '행복'은 우리에게 목표가 되고, 스트레스가 되며, 역설적으로 불행의 원천이 된다. 브뤼크네르는 그러한 '행복의 강박증'으로부터 당신을 치유하기 위해 이 책을 썼다. 프랑스의 전 언론이 기립박수에 가까운 찬사를 보낸 이 책은 사실상 석 달 가까이 베스트셀러 1위를 지켜내면서 프랑스를 '들었다 놓은' 철학 에세이이다.

"어떻게 지내십니까? 잘 지내시죠?"라고 묻는 인사말에도 상대에게 행복을 강제하는 이데올로기가 숨쉬고 있다. 당신은 행복을 숭배하고 있다. 그것은 서구 사회를 침윤하고 있는 집단적 마취제다. 당신은 인정해야 한다. 불행도 분명 삶의 뿌리다. 그 뿌리는 결코 뽑히지 않는다. 이것을 받아들일 때 당신은 '행복의 의무'로부터 해방될 것이고, 행복하지 않아도 부끄럽지 않게 될 것이다.

대신 저자는 자유롭고 개인적인 안락을 제안한다. '행복은 어림치고 접근해서 조용히 잡아야 하는 것'이다. 현대인들의 '저속한 허식'인 행복의 웅덩이로부터 당신 자신을 건져내라. 그때 '빛나지도 계속되지도 않는 것이 지닌 부드러움과 덧없음'이 당신을 따뜻이 안아 줄 것이다. 그곳에 영원한 만족감이 있다.

중세에서 현대까지 동서의 명현석학과 문호들을 풍부하게 인용하는 저자의 깊은 지식샘, 그리고 혀끝에 맛을 느끼게 해줄 듯 명징하게 떠오르는 탁월한 비유 문장들은 이 책을 오래오래 되읽고 싶은 욕심을 갖게 한다. 독자들께 권해 드린다.　　　　　— 조선일보, 2001. 11. 3.

東文選 現代新書 96

근원적 열정

뤼스 이리가라이

박정오 옮김

   뤼스 이리가라이의 《근원적 열정》은 여성이 남성 연인을 향한 열정을 노래하는 독백 형식의 산문시로 이루어져 있다. 이 글에서는 여성이 담화의 주체로 등장하지만, 남성 중심으로 이루어진 현존하는 언어의 상징 체계와 사회 구조 안에서 여성의 열정과 그 표현은 용이하지도 자유로울 수도 없다.

   따라서 이리가라이는 연애 편지 형식을 빌려 와, 그 안에 달콤한 사랑 노래 대신 가부장제 안에서 남녀간의 진정한 결합이 왜 가능할 수 없는지를 역설적으로 보여 주려 애쓴다. 연애 편지 형식의 패러디는 기존의 남녀 관계에 의문을 제기하고 교란시키는 적절한 하나의 전략이 되고 있는 것이다.

   서구의 도덕적 코드가 성경 위에 세워지고, 신학이 확립되면서 여신 숭배와 주술은 주변으로 밀려났다. 이리가라이는 그 뒤 남성신이 홀로 그의 말과 의지대로 우주를 창조하고, 그의 아들에게 자연과 모든 피조물을 통치하게 하는 사고 체계가 형성되면서 여성성은 억압되었다고 지적한다. 또한 그녀는 남성신에서 출발한 부자 관계의 혈통처럼, 신성한 여신에게서 정체성을 발견하고 면면히 이어지는 모녀 관계의 확립이 비로소 동등한 남녀간의 사랑과 결합을 가능케 해준다고 주장한다.

   이리가라이는 정신과 육체의 이분법적인 서구 철학의 분류에서 항상 하위 개념인 몸이나 촉각이 여성적인 것과 연관되어 있다는 점을 인식하고 타자로 밀려난 몸에 일찍부터 주목해 왔다. 따라서 《근원적 열정》은 여성 문화를 확립하는 일환으로 여성의 몸이 부르는 새로운 노래를 찾아나선 여정이자, 여성적 글쓰기의 실천 공간인 것이다.

東文選 現代新書 109

도덕에 관한 에세이

크리스티앙 로슈 外

고수현 옮김

전쟁, 학살, 시체더미들, 멈출 줄 모르는 인간 사냥, 이보다 더 끔찍한 것은 살인자들이 살인을 자행하면서 느끼는 불온한 쾌감, 희생자가 겪는 고통 앞에서 느끼는 황홀감이다. 인간은 처벌의 공포만 사라지면 악행에서 쾌락을 얻는다.

공민 교육이라는 구실하에 학교에서 도덕을 가르치는 것에 대해 찬성해야 할까, 반대해야 할까?

도덕은 가르칠 수 있는 것일까? 도덕은 무엇을 근거로 세워진 것인가? 도덕의 가치를 어떻게 정의내릴 수 있을까?

세계화라는 강요된 대세에 눌린 우리 시대, 냉혹한 자유 경제 논리에 가정이 짓밟히는 듯한 느낌이 점점 고조되는 이때에 다시금 도덕적 데카당스를 비난하는 목소리가 높아지고 있다. 물론 여기에는 파시스트적인 질서를 바라는 의심스러운 분노도 뒤섞여 있다. 또한 다른 사람들에 대한 온화한 존경심에서 우러나온 예의 범절이라는 규범적인 이상을 꿈꾸면서 금기와 도덕 규범으로 되돌아갈 것을 요구하는 사람도 있고, 교훈적인 도덕의 이름을 내세우며 강경한 억압책에 호소하는 사람들도 있다.

하지만 어떻게 억지로, 혹은 도덕 강의로 도덕적 위기에 의해 붕괴되어 가는 가정 속에서 잘못된 삶을 사는 청소년들을 '일으켜 세울' 수 있다고 생각할 수 있는가? 도덕이라는 현대적 변명은 그 되풀이되는 시도 및 협정과 더불어, 단순히 담론적인 덕을 통해 사회 문제를 해결하지 못하는 모종의 무능력함을 몰아내고자 하는 것은 아닐까?

東文選 現代新書 108

딸에게 들려 주는 작은 철학

롤란트 시몬 셰퍼
안상원 옮김

★독일 청소년 저작상 수상(97)
★청소년을 위한 좋은 책(99, 한국간행물윤리위원회)

작은 철학이 큰사람을 만든다. 아이들과 철학을 이야기하는 것이 요즘 유행처럼 되었다. 아이들에게 철학을 감추지 않는 것, 그것은 분명히 옳은 일이다. 세계에 대한 어른들의 질문이나 아이들의 질문들은 종종 큰 차이가 없으며, 철학은 여기에 답을 줄 수 있다. 이 작은 책은 신중하고 재미있게, 그러면서도 주도면밀하게 철학의 질문들에 대답해 준다.

이 책의 저자 시몬 셰퍼 교수는 독일의 원로 철학자이다. 그가 원숙한 나이에 철학에 대한 깊은 이해를 가지고 자신의 딸이거나 손녀로 가정되고 있는 베레니케에게 대화하듯 철학 이야기를 들려 주고 있다. 만약 그 어려운 수수께끼를 설명한다면 어떻게 할 것인가를 모형적으로 제시하고 있다.

철학은 우리의 구체적인 삶과 멀리 떨어져 있는 삶이 아니다. 우리가 사용하고 있는 말이란 무엇이며, 안다는 것은 무엇인가. 세계와 자연, 사회와 도덕적 질서, 신과 인간의 의미는 무엇인가 등 철학적 사유의 본질적 테마들로 모두 아홉 개의 장으로 나누어 이야기하고 있다. 쉽게 서술되었지만 내용은 무게를 가지고 있어서 중·고등학생뿐만 아니라 대학생과 성인들에게 철학에 대한 평이한 길라잡이가 될 것이다.